INOGE Nº 136

Cover PHOTO:
Sachiko Hotaka

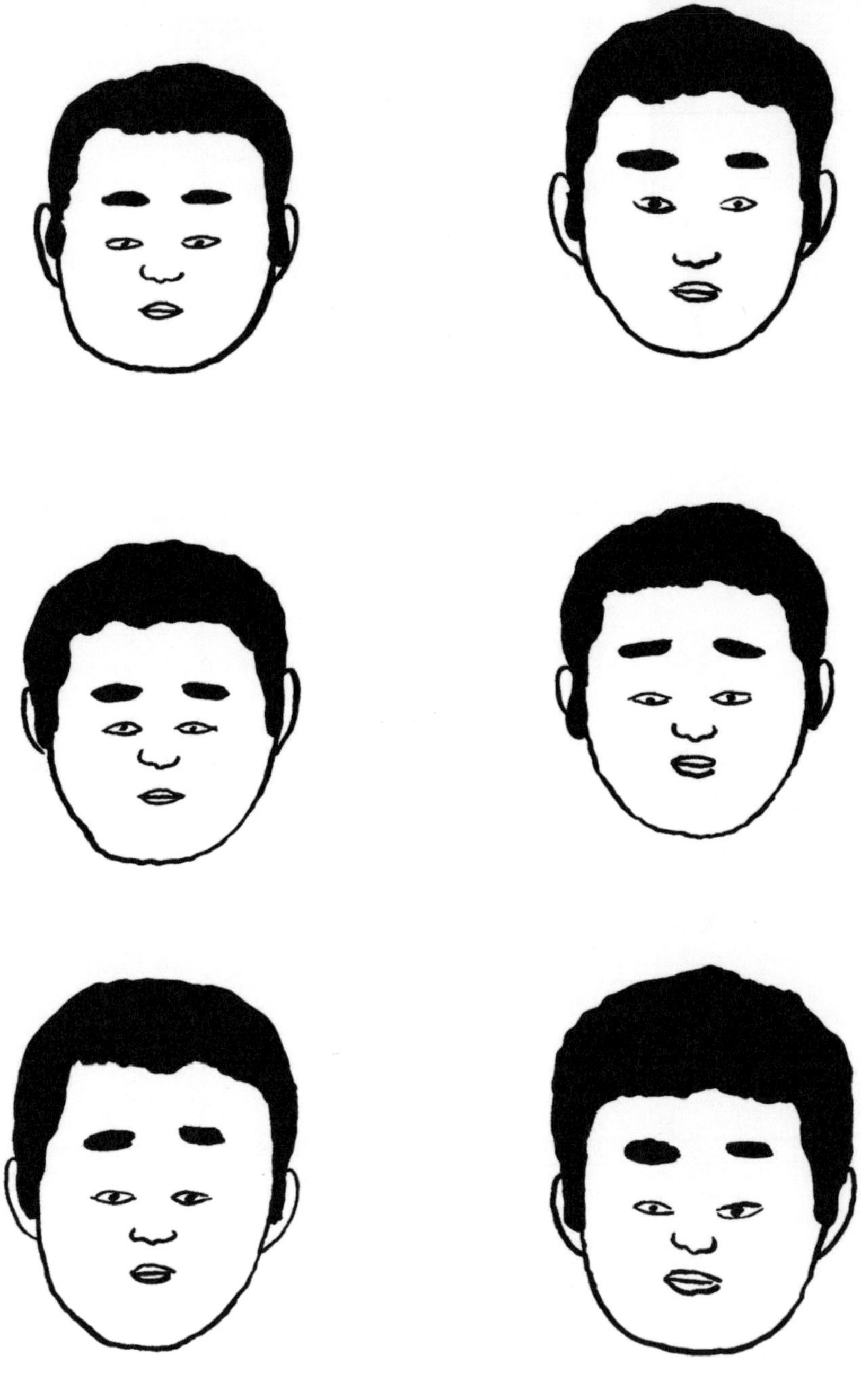

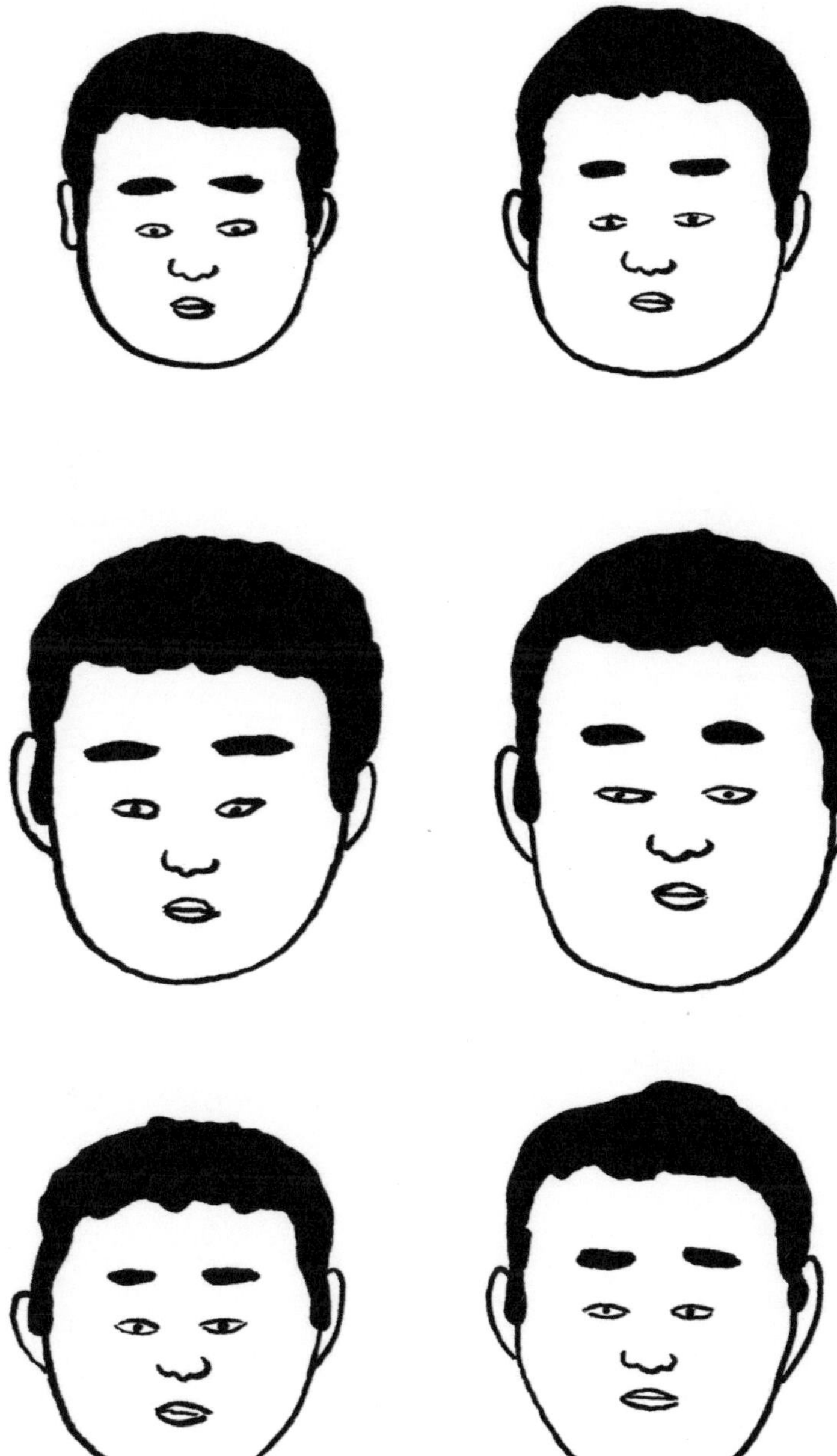

PETIT KASHIMA

俺の人生にも、一度くらい幸せなコラムがあってもいい。

VOL.135

「ヤラセ」と「ヤリ」

プチ鹿島

プチ鹿島（ぷち・かしま）1970年5月23日生まれ。芸人。『ヤラセと情熱 水曜スペシャル「川口浩探検隊」の真実』（双葉社）、発売後から大好評です。

少年時代に熱中した番組はいろいろあるが『ワールドプロレスリング』と『水曜スペシャル・川口浩探検シリーズ』は別格だった。川口浩探検隊が水曜日で、ワールドプロレスリングが金曜日。ともにテレビ朝日系で未知の怪物を追うのが共通していた。少年はアンドレ・ザ・ジャイアントやタイガー・ジェット・シンに目を奪われ、原始猿人バーゴンや双頭の大蛇ゴーグの妖しさに胸をときめかせていた。

両者にはもうひとつ共通することがあった。世間の評価が低いことだ。夢中になればなるほどそのギャップを感じた。確かにプロレスも探検隊シリーズも不透明決着が多かった。双頭の大蛇はクライマックスで地下の岩陰から頭らしきものが一瞬映っただけの「両リン」決着。ただのニシキヘビでは？と翌日教室でツッコまれていた。一方で原始猿人バーゴンはまさかの完全決着で「捕獲」してしまった。しかし新聞はこの世紀の大発見を報じない。少年は演出で作られた番組ではないかと薄々気づいてゆく。しかしそうは言っても探検隊はジャングルに実際に行っている。現場ではとんでもない苦労があったのでは？そう考えていた私は8年かけて元隊員たちに取材し、このたび『ヤラセと情熱 水曜スペシャル「川口浩探検隊」の真実』（双葉社）として一冊になった。

元隊員たちに聞くとやはりフェイクの中にもリアルがあり、虚々実々の衝撃エピソードばかりだった。原始猿人バーゴンもナレーションをあらためて確認すると「捕獲」ではなく「保護」と言っていた。細かいコンセプトがじつはあったのだ。

さらに探検隊を検証していくと同時代に起きた事件や騒動にリンクしていたことがわかった。そのひとつが当時のテレビ朝日のお昼のワイドショー『アフタヌーンショー』のヤラセ事件である。

1985年8月20日に放送した「激写！中学女番長!! セックスリンチ全告白」にお

けるリンチ場面がヤラセだったという騒動。社会問題となり10月に番組は打ち切られてディレクターは逮捕された。しかしテレビ史に残る大事件なのにきちんと検証されていないことに気づいた。さっそく洗いなおすとなんと事件の当事者である元ディレクターが翌年に本を書いていたのである。驚愕したのは、あれはヤラセではないと主張していたのだ。その中身や爆弾証言は『ヤラセと情熱』でご確認いただくとして、さらに私が興味を持ったのがジャーナリスト・ばばこういち氏の当時の証言である。元ディレクターの本から引用する。

《テレビジョン、特に生のワイドショーというのは〈やらせ〉という仕掛けを〈やり〉という自己主張のせめぎ合いの〈場〉だと思うんですね。》（ばばこういち）

初めて目にする言葉が出てきた。「やらせ」ではなく「やり」（以下カタカナ表記で統一）。じつはこれらの言葉は元ディレクターも自著で使っていた。リンチはヤラセではなかったが、カメラ前にいた女番長たちはテレビカメラを向けられていたので振る舞いを意識したのだろうと。

《レンズを通して日頃の自分たちの怒りのエネルギーを精一杯見せてやろうと考えたことは想像に難くありません》という。そしてそれは「ヤラセ」ではなく「ヤリ」であると元ディレクターは断言していた。この言葉を読んでしばらく考えてしまった。この違いは大きい。天と地ほどの差がある。このニュアンスが理解できるかどうかはテレビやエンタメを見るうえでとても大事なポイントではないだろうか。

ヤリとは何か？　つまり設定された状況があるからこそ〝アドリブで火花を散らす〟こともできる構造のことである。これは今のテレビでもあるだろう。討論番組で田原総一朗がいきなりキレるのもそうだ。あれは奮起して自ら見せ場を作っているヤリであってヤラセではない。芸人ドッキリだってそうだろう。ドッキリだと薄々気づいていても自ら番組を面白くしようという気概（ヤリ）は決してネガティブなものではない。

ヤリとはなんとも絶妙な「表現」であることがわかる。と同時に人間はカメラが目の前にあるだけで非日常に追い込まれてテンションが変わってしまうことも再認識させられる。だからカメラを向ける側は強大な力を持っていることを自覚しなければならないのだ。報道被害という言葉もあるがカメラを向けた側は権力者でもある。ナチュラルな加害者性も知っておくべきだ。

ここまでテレビ論として「ヤリ」「ヤラセ」の違いを書いてきたが、プロレスを雑に扱う人で簡単にヤラセだのなんだの言ってしまう人もいる。しかしそんなレベルではなく、まさにヤリを楽しむ点がプロレスの醍醐味でもあることに気づく。プロレスラーは観客やマスコミを前にスイッチが入ると奇跡のような感情を見せてくれることがある。オカダ・カズチカと清宮海斗はまさにこれだった。オカダのコメントはどこまでが生身の感情なのか？　カード発表からドームへの過程はとても見応えがあった。

どんなジャンルであれ、ひたすら行間を読み込んで自分にとってのリアル（真実）をキャッチする。こんな楽しみ方はないと思うのです。

KAMINOGE
INCREDIBLE MONSTER

収録日：2023年3月10日
撮影：保高幸子
試合写真：©STARDOM
聞き手：井上崇宏

過剰な肉体とプロフェッショナリズム！
人生全振りの投げっぱなしオブライト!!

センダイガールズプロレスリング

［怪物］橋本千紘

「親はどうしても私を
宝塚に入れたいみたいな感じがあって、
クラシックバレエを習わせられたんですけど
ひとつもハマらず（笑）。
だけどプロレスを観た瞬間に
『あっ、私はこれだ！』となって。
だって中学の最後らへんはボウズだったんで（笑）」

「本当は全部出したいんですよ。もう全裸になりたいくらいの勢いで鍛えたい、性別とかの枠を超えたい」

――まず橋本さんにお聞きしたいのが、『KAMINOGE』という媒体から目をつけられてしまったお気持ちはいかがですか？

橋本　いやもう、本当にまわりに言いふらしたいくらいうれしくて。じつは今日タッグパートナーの優宇選手と会っていたんですけど、「いまからどこに行くんですか？」って聞かれたんで「『KAMINOGE』の取材です」って答えたら、「えーっ、あの選ばれし者しか出られない『KAMINOGE』ですよね？」っていう話になって（笑）。

――いえいえいえ、選ばれし者しか出られないんじゃなくて、守備範囲が凄く狭いんです（笑）。じゃあ、「私はそういうんじゃねえよ」ではなく、そんなに悪い気はしていないということでよろしいですか？

橋本　いやもう、オファーが来てめちゃくちゃうれしかったです。

――あっ、ホッとしました（笑）。ありがとうございます。

橋本　こちらこそありがとうございます。

――今日は橋本さんがいったいどういうつもりなのかをいろいろお聞きしたいと思うんですけど、ボクが橋本さんに注目するようになったきっかけは、2018年（8月31日）に後楽園ホールで『TAKAYAMANIA EMPIRE』があったじゃないですか。

橋本　あー、はいはい。自分も出ましたね。

――髙山（善廣）さんを支援するイベントの一発目。あれはABEMAで生中継していたんですけど、ボク、髙山さんと一緒に病室で観たんですよ。

橋本　えーっ、そうなんですか？

――はい。ご家族も含めて髙山さんと親しい人はみんな後楽園に行かなきゃいけない日じゃないですか。それで「あれ？じゃあ、髙山さんはこれをどうやって観るんだ？」と思って、「ボク、髙山さんと一緒に観ますよ」って言ってノートパソコンを持って行って一緒に観たんですよ。

橋本　そうだったんですね。

――それでタッグマッチで登場してきた橋本さんを観て、髙山さんが「ちっち、だいぶカッコよくなったねえ」って言ってて。

橋本　あー、うれしー！

――「なんかビジュアルもWWEの女子レスラーみたいでカラフルだよね」と。そういう髙山さんの言葉って頭に残るじゃないですか。たしかにカッコいいなと思って観続けているうちに、どんどんデカくなっていくじゃないですか（笑）。

橋本　そうですね（笑）。

――その身体をデカくするっていうのは、もう止まらない感じですか？

橋本　いや、いちおう「これ以上は」と思って1回ストップしたんですけど、いま優宇選手とチーム200キロというタッグチームを組んでいるので、やっぱりデカくしていこうと思って。でも、そのデカくなり方には最近気をつかっていますね。

――それは形とかってことですか？

橋本　形、フォルムですね。いかにカッコよくなれるかとか、ただデカいだけじゃないぞっていうのを目指してやってきていますね。

――それをいまも継続していると。

橋本　はい。

――すでにめっちゃカッコいいですけどね。

橋本　いやー、まだまだですね。

――筋肉業界のことはあまり詳しくないんですけど、橋本さんの理想はどういうフォルムなんですか？

橋本　え〜と、大相撲の……。

――そこは男なんですね！（笑）。

橋本　大相撲の人たちって身体がデカいけどギュッとなっているじゃないですか。いまで言ったら翠富士関とか、あとは若隆景関とか。小兵力士なんだけど、めちゃくちゃ筋肉があるっていう。

――ちょっと待ってください、ググりますね。ああ、これを目指してるんですね。

橋本　あっ、そうです、そうです。そんな感じを。

――もうなっていますよね（笑）。

橋本　いや、脚とかお尻とかも本当にカッコよくて。私も本当はできれば全部出したいんですよ。将来的には（笑）。

――将来的には全部？　えっ、トップレスってことですか!?（笑）。

橋本　もう全裸になりたいくらいの勢いで全部を鍛えたい、性別とかの枠を超えたいみたいな。まあ、絶対に無理ですけど（笑）。

――でもそういうテンションなわけですね。凄い！（笑）。

橋本　そんな感じなんです。

「プロレスを観ていたら悪かった体調がよくなっていたんで、『これって凄いな！』と思って」

――実際に当たり前のように男子とも試合をしていますしね。いまスターダムにも上がっていますけど、4・23横浜アリーナで朱里選手とやるとかっていうのをまったく想像しないで今回の取材オファーをさせていただいたんですよ。前々から

「いつかは橋本千紘を表紙で」っていうのがあって。
橋本　うわ、凄い。信じられない。
――だけど、そこで「ああ、狙ったな」とか「奇をてらったな」とは思われたくなかったというか。「あっ、いま橋本千紘だよね！」っていうタイミングで出したかったというのがあったので、これまであまり接近しない感じでいたんですけど、なんか本当にタイミングがいいよなと思っています。
橋本　ありがとうございます。
――いまってプロとはいかにお金を稼ぐか、どんなにいい生活をするかってところに意識がいきすぎている時代だと思うんですよ。意識というか、アピりたいところはそういう部分っていうか。
橋本　たしかにそうですね。SNSとかでもそういう部分を見せて、「私はこういう生活をしているぞ」っていう人が多いかもしれないですね。
――そこでボクは橋本さんの筋肉を見て、「いや、プロってこうでしょ！」と心を鎮めている日々なんですけど。でも、じつはめちゃくちゃタニマチと毎晩飲み歩いてるとか、そういうのはないですよね？（笑）。
橋本　ないです（笑）。じつは仙女ってタニマチが禁止というか、里村（明衣子）さんって「タニマチという言葉自体がありえない」みたいな感じなんですよ。
――うわ、カッコいい。でも、なんでですか？
橋本　「コスチュームとか商売道具は自分が稼いだお金で買ったりするのが当たり前だから」って言っていて、タニマチについては「個人では絶対につけないで」っていうのはありますね。
――それが団体の規則みたいなものとしてあるんですか？
橋本　仙女の規則ですね。もちろん団体自体にスポンサーさんはついているんですけど、個人でお金を使って何かをやってもらうのは禁止だよっていう。
――それをデビューしてからずっと守っていると。
橋本　はい、お給料だけで生活をしています。
――あの、ボクは橋本さんのタニマチをしようと思っていたんですけど、じゃあダメですか？（笑）。
橋本　アッハッハッハ！
――残念ですね。今日もちょっと封筒を忍ばせてきているんですけど、閉まっておきますね（笑）。
橋本　はい（笑）。
――軽口を叩いてすみません。そもそも、なぜプロレスラーになろうと思ったんですか？
橋本　小学生の頃に兄と一緒にプロレスを観ていて、そのときは福井にいたんですけど、ちょうどGAORAで全日本プロレスだったりDRAGONGATEだったり、あとはGA

EA JAPANをやっていて。それを観た瞬間に「私はこれになりたい！」と思ったんですよ。そこからはずっと「プロレスラーになる」って言い続けていましたね。

――それは何年生のときですか？

橋本　5年生くらいですね。そのときに「GAEA JAPANに入りたい」と思っていたんですけど、すでに解散することが決まっていて、それで中学生になったら仙女ができてっていう感じですね。やっぱ里村さんのところに行きたいなと思って。

――お兄ちゃんは何個上ですか？

橋本　3つ上ですね。兄が「こういうのがあるんだよ。おもしろいから観てみな」みたいな感じで自分にプロレスの存在を教えてくれて。

――プロレスのどこにハマったんですか？

橋本　そのときの自分は体調が凄く悪くて、熱が出ていたんですけど。

――そのときっていうのは、初めてプロレスを観た日ってことですか？

橋本　その日ですね。それがGAEA JAPANの試合を観たら凄くおもしろくて、終わったら体調が凄くよくなっていたんで、「これって凄いな！」と思って。

――ああ、『トムとジェリー』ですね（笑）。

橋本　そうです、そうです！（笑）。

――子どものときって風邪をひいて寝込んでいても、トムジェリを観ていたらおもしろくてつらさを忘れますもんね。プロレスにはそんなトムジェリ効果があったと。

橋本　まさにつらさを忘れるぐらいに楽しくて（笑）。それでどっちかと言うと、「私も人をそんなふうな気持ちにさせたい」っていうのがあってプロレスにハマりましたね。

――「これをずっと観ていたい」じゃなくて「自分もこれをやりたい」と。じゃあ、そこからはGAORAで毎回チェックして。

橋本　もう毎週ビデオを録って、週プロやゴングを買ったりして。

――福井では地上波でプロレスはやってました？

橋本　やってないです。興行にもほとんど来なくて。

――天龍さんの地元なのに。

橋本　あっ、天龍さんが全日本プロレスで福井に来たときには観に行きました（笑）。

「みんながみんなオリンピックとか世界を目指していたので、その中で自分は負ける悔しさと勝つうれしさも覚えました」

――やっぱりプロレスラーの力強さとか、そういった部分に

も魅力を感じましたか？生物としてこの人たちは強いってい

うか。

橋本　そうですね。強いっていうのと、もうひとつ感じてしまったのは、女子プロレスを観ていて「自分でもいけるんじゃないかな？」っていうのもありましたし。自分がいちばんになれるんじゃないかって（笑）。

——小学生で。

橋本　はい（笑）。っていうのがあったんですよ。でもやっぱいちばんはおもしろい、惹きつけられるられるっていう。そういう魅力がプロレスにあったので。

——何かスポーツはやっていたんですか？

橋本　その頃はずっとバスケットボールをやっていましたね。親がピアノの先生だったりして、どうしても宝塚に入れたいみたいな感じがあったんですけど。

——娘をタカラジェンヌにさせたいと。

橋本　はい。だからクラシックバレエとか女の子の習い事って言うんですかね、それを習わせられたんですけど、ひとつもハマらず（笑）。

——ちっともおもしろくないと（笑）。

橋本　おもしろくない（笑）。それでとりあえずバスケは仲のいい友達がやっていたからやっていた感じで、そこでプロレスを観た瞬間に「あっ、私はこれだ！」となったんですね。

——バスケにもそこまでハマらなかったんですか？

橋本　いちおう中学のときは県で2位とかまでは行って、だけど中学のときにはすでに「プロレスラーになるから高校進学も考えてないし」っていうことで、「ここでバスケも終わりだ」と思っていました。

——これはこの期間限定だと。

橋本　そうですね。

——そのときはまだ漠然としていたでしょうから、プロレスラーになるために具体的にこんな練習をしていたっていうのはないですよね？

橋本　ないです。とにかくバスケをやっていて。でも中学3年生のときに仙女の入門テストを受ける前に親が1回相談しに行ったら、そこで当時の新崎人生社長から「卒業まで、柔道かレスリングを習わせてください」って言われて、そこでようやくレスリングを始めて。それから入門テストを受けて、テストも全部クリアして「よし、これでなるぞ！」と思っていたんですけど。スクワットとかも全然できましたし（笑）。

——なんか全部できちゃったんですね（笑）。

橋本　できちゃったんで大丈夫だなって思っていたんですけど、そこで急に気持ちがレスリングのほうに流れちゃったんですね。

——そのとき通っていた福井レスリングクラブというのは、

キッズから教えているところですよね。

橋本　キッズと中学生までなんですけど、けっこうレベルが高くて、全国大会で優勝したメンバーが3人くらいいましたね。それでちょうどそこにいた女のコが安部学院（高等学校）に行くっていうことで、安部学のレスリング部の成富（利弘）先生が福井に来ていたときに「おまえも高校でレスリングをやらないか?」って声をかけられて、「じゃあ」ってことで高校に練習しに行ったらレスリングも楽しいなと思って。凄く迷ったんですけど、親はとにかく高校に行ってほしかったのでそっちをプッシュされて。

――ああ、なるほど。

橋本　それで安部学への進学が決まりましたね。

――プロレスラーとしての下地を作るためにレスリングをかじってみたときに、レスリングのおもしろさを感じたわけですか?

橋本　いや、そこまではおもしろさを感じなかったんですけど、大会に出たらすぐに勝ててしまって（笑）。

――神童ですね（笑）。

橋本　その勝ったうれしさがあったんですね。でも北信越だったんでそんなに選手もいなくて、安部学に練習に行って先輩方と練習してみたら凄く強かったんですよ。「あっ、こんなに強い人がいるんだ!?　これはかなわないな」と思って、たぶんそこで入部することを決めたのかもしれないですね。

――日本屈指の強豪校ですもんね。じゃあ、仙女の入門テストは受かっていたんですね。

橋本　受かりましたね。でも入門を辞退して「高校を卒業したら入ります」っていうふうにしてもらって。

――高校で3年間レスリングをやってきますと。それは仙女側もオッケーだったんですね?

橋本　オッケーを出してくれました。

――それから安部学でどっぷりレスリングにハマっちゃう感じですか?　ハマらざるを得ない環境というか。

橋本　もうなんか、みんながみんなオリンピックを目指していたりとか世界を目指していたので、その中で自分は負ける悔しさと勝つうれしさも覚えましたし。で、そのときにはプロレスはあまり観ないようにしていて。やっぱ思い出すとそっちに行きたくなっちゃうので、わざと観ないようにして3年間を過ごしていて、大学進学を決めましたね。

「自分は記憶にないんですけど、幼稚園から帰ってきたらかならず相撲中継を観るのを楽しみにしていたらしいんです」

――もう当たり前のように大学でもレスリングを続けるという流れに。

橋本　普通にですね。自分としても「プロレスラーは若いときから始めるものだから」っていうことでプロレスラーへの夢は1回あきらめていましたね。

——中学卒業してすぐに入るのが当たり前という、思想にちょっと相撲が混じってるんですよね。力士みたいな身体になりたいとか（笑）。

橋本　そうです、そうです（笑）。小さい頃だから自分は記憶にないんですけど、幼稚園から帰ってきたらかならず相撲中継を観ていたらしいんです。

——物心よりも先に身についた相撲精神（笑）。

橋本　母親が言うには、私が相撲を凄く楽しみにして観ていたっていう（笑）。相撲の何が好きだったのかわかんないんですよ。でも、いまも凄く大好きなんで。

——相撲取りが大好きな女子小学生って、そんなにいないですよね。

橋本　たしかにいないですね（笑）。

——性格はやんちゃではあったんですか？

橋本　やんちゃでしたね。でも学校を1回も休んだことがなく、部活も休んだことがない感じで。自分が中心的な存在ではあったと思います。

——クラスで目立つ感じの。

橋本　そうですね。

——いまのこのイメージじゃなく、当時はもっと小柄なコって感じですよね？

橋本　細かったですね。プロレスに入ってから20キロくらい増えたので。

——普通の女の子、女の子はしていない？

橋本　だって中学の最後らへんはボウズだったんで（笑）。

——えーっ、ボウズ頭!?　何がありました!?（笑）。

橋本　なんか目立ちたくて最初に片方のサイドだけを刈り上げたら、先生から「左右対称にしなさい」って言われたので左右対称にしたらモヒカンみたいになっちゃったんで、じゃあ全部刈っちゃえみたいな感じでボウズにして（笑）。

——マジか……。

橋本　はい。だからボウズ頭で仙女の入門テストも受けましたね。

——あー、それは受かりますよね。なんか心に沸々と燃えるものがあったんですかね。

橋本　気合いみたいな感じだったんですかね？（笑）。みんながやっていないことをやりたいっていうのはあったかもしれないですね。

——やっぱり、もともとが変わっているんですね。

橋本　かもしれないです。

——思春期の頃、好きな男のコとかはいたんですか？

橋本　中学のときにいちおういたんですけど、なんかまあ流れで付き合うか、みたいな。

――ボウズ頭にするようなコと付き合ってくれました？（笑）。

橋本　そのコは付き合ってくれたんですよ（笑）。でも最終的に自転車小屋っていうけっこう大きな小屋が学校にあって、そこで凄いケンカになって、最後は私がチャリをぶん投げて終わりました。

――えっ！　まず、なんでケンカしたんですか？

橋本　それは憶えてないですね。なんでだろ？

――とにかく口論になり。

橋本　口論になり、自分がブチ切れてチャリをバーンみたいな。

――それは男のコに向かってチャリを投げたんですか？

橋本　はい。投げましたね。

――で、終わり？

橋本　終わりました。青春でした（笑）。

――何を言ってるんですか（笑）。なんか神取忍さんがＸ ＪＡＰＡＮのＹＯＳＨＩＫＩがタイプみたいな、そういう意外性はあったりしないんですか？

橋本　いや、自分はまっとうな、お相撲さんが大好きですね。

――まっすぐにお相撲さんが好き（笑）。

橋本　はい（笑）。

「里村さんがいることと、絶対に練習が厳しいだろうなと思ったので『いちばん強くなれるのは仙女だ』と」

――だから子どもの頃からずっと目立ちたいとか、強くなりたいっていう気持ちがあったんですね。

橋本　強くなりたい、目立ちたいは昔からありましたね。

――こうやってお話をしていると凄く社会性の高さも感じるんですけど。

橋本　そうですね。やっぱりプロレス界に入ってから凄く礼儀作法とかに厳しかったので、そこでしっかりと覚えました。

――仙女を選んだのはやっぱり里村さんがいるから。

橋本　もともと好きだったのがＧＡＥＡ ＪＡＰＡＮでしたし、あの里村さんがいるならと思って。それと仙女は絶対に練習が厳しいだろうなと思ったので、「いちばん強くなれるのは仙女だ」と。

――そこは中学の頃からあったんですね。

橋本　厳しいところに入ったらいちばん強くなれるんじゃないかなっていうのはありました。

――最初からプロレスラーになることが夢ではなく、プロレスラーでトップになりたくてってことですね。

橋本　そうです。

――里村さんのことをカッコいいと思うかどうかっていうのもセンスじゃないですか。

橋本　かなりストイックですし、本当になんでしょう、女性としてもプロレスラーとしても凄くカッコいいと思います。

――実際に接してみてもそこはブレることなく、イメージ通りの人でしたか？

橋本　でも里村さんはプライベートではおっちょこちょいが多くて、凄く天然なんですよ（笑）。

――ますますいいじゃないですか（笑）。

橋本　そうなんですよ。

――ちゃんとスキもあるんですね。

橋本　「ああ、この人は男の人からもモテるんだろうな」と思いながら見ていますね。かわいらしさもあるなっていう。

――話を戻すと、高校ではレスリングで全国レベルの結果も出し始めて。

橋本　そうですね。全国大会で優勝してました。あとはアジアのジュニアで2位とかですね。

――橋本さんの世代って、もうキッズからバリバリやってるって選手が多いですよね。それでも高校で追いつき、追い越した感じですよね。

橋本　いやー、最初は勝てない時期もあったんですけど、それでも追い越し。だけど私の2個下に土性沙羅がいたので。

――土性さんが2個下なんですね。

橋本　はい。そこはもう崩せない壁でしたね。

――女子レスリングは日本国内でいちばんになれたら世界でもトップというところで、橋本さんは同時代の同階級に土性さんのような選手がいたと。

橋本　そうですね。ちょっともう本当に無理だなと思いましたね。自分と闘っていたときってロンドン五輪の頃とかで全盛期じゃないですか。もうめちゃくちゃ強かったですね。

――レスリング以外の時間、何か高校生なりの楽しみとかってあったんですか？

橋本　いやー、何をしていたんでしょう。1週間に休みが1日だけだったんですけど、でも学校は凄く楽しかったですね。女子校なので。

――バカ話ばっかしてってことですよね。

橋本　どういう男と遊んだとかっていう話を友達から聞いて盛り上がっていましたね。自分たちができないことをやってるなっていうので（笑）。

――レスリング部は恋愛禁止なんですか？

橋本　はい。禁止ですし、そもそもそんな時間もないですし。

――どうして禁止だったんですか？

橋本　やっぱ女性ホルモンを出さないようにってことですかね？（笑）。で、男の人と付き合ってて怒られていた先輩もいたりして。

——好きな気持ちは止められないですもんね（笑）。

橋本　止められないなって思いますよ（笑）。思春期ですし。だけど先輩が怒られているのを見て、「あっ、絶対にダメなんだ」と思って「大学に行ったら遊ぶぞ！」みたいな感じでやっていましたたね。

「大学でレスリングを引退したらすぐに結婚しようと思っていましたね。婚約指輪もいただいていたんですよ」

——高校を卒業したら仙女に入ろうというのは3年前の話で、ここは日大に進学だと。

橋本　はい。日大から推薦が来て、法学部に入りました。

——法学部に。って、なんでいま学部まで言ったんですか？（笑）。

橋本　いや、ちょっと言っておこうかな、みたいな。文理とかじゃないぞと（笑）。

——やっぱりオリンピックを目指すわけですよね。

橋本　はい。目指してました。

——そこはもうずっと打倒・土性沙羅になるんですか？

橋本　土性沙羅とか、あとは渡利璃穏さんとか。でもやっぱり土性沙羅を倒さなきゃ無理だなと思ってやっていましたけど、本当に「コイツには勝てねえな」っていうのを感じるんですよね。だから3年生くらいのときには「もうちょっと無理だな……」っていうのが気持ち的にはありました。正直、これは勝ち目がないと思っていましたね。

——そういう人っていうのは、どういう強さなんですか？

橋本　なんか地の強さというか、人と闘っているみたいじゃないんですよね。それを感じたのは浜口京子さんもちょっとヤバいなと思って。あとはもうひとり、山本聖子さんが一度復帰されてスパーリングしたときに「あっ、この人もヤバいな」と思ったんで、その3人くらいですかね。

——もう別格？

橋本　別格だったなと思って。あっ、あとは伊調馨さんとかもそうですね。「勝てない」と感じちゃったら、自分の中ではもうダメだなって思っちゃうんで。

——それで言葉には出さないけど、「これはもうオリンピックは無理だな」って。

橋本　そうですね。だから引退したらすぐに結婚しようと思っていましたね（笑）。

——えっ、ちょっと待ってください。みっちり7年間レスリングをやっていて、大学を卒業したらいい奥さんになろうと思いました？

橋本　なろうと思っていました（笑）。ちょうど大学生のとき

にお付き合いしていた方もいたので。

──お相手もレスリング部ですか？

橋本　いや、あの……相撲の方でした（笑）。日大相撲部の私の1個上で。

──もうずっと相撲が好きなんですね！（笑）。

橋本　ずっと相撲が好きですね！（笑）。

──その方は大相撲には行かなかったんですか？

橋本　行かなくて普通に就職してってていう感じだったんですけど、卒業して警察官になってました（笑）。

──あっ、警察官に。それで橋本さんは4年生くらいから「もう、この人のお嫁さんになろう」と決めて。

橋本　なろうと思っていました。

──お相手の方もそういうつもりだったんですか？

橋本　そうですね。「もうそのつもりだ」って言われて、婚約指輪もいただいていたんですよ。

──あっ、学生のときに？

橋本　自分が4年の最後のときですね。もう結婚するっていうことで。

──本当に卒業したら即結婚する気だったんですね。もう社会には出たくないと（笑）。

橋本　社会に出たくない、なんかもういいやと思って（笑）。でも相手が青森だったので、遠くに行くことに「うーん」って思ったのと、あといちばんひっかかったのがプロレスラーになりたいっていう夢が……。

――本当ですか？　もうとっくにプロレスのことは忘れている流れでしたけど（笑）。

橋本　本当です（笑）。ちょうどレスリングを辞めたあとにプロレスを観に行ったんですよ。それはカルロス天野さんの引退興行（OZアカデミー2015年4月15日・後楽園ホール）だったんですけど、ちょうど里村さんも出ていて「うわっ、里村さんだ！」と思って。自分が中学生のときに観ていたメンバーが出ていて、アジャ・コングだったり、浜田文子さんだったりとか。そもそもその日はレスリングの吉村（祥子）コーチが里村さんとお仕事でつながっていて観に行こうってことだったんですけど、「じゃあ、そのあと食事しようよ」って言われて、里村さんと何年かぶりに会って食事をさせていただいたんですね。そこで「まだプロレスラーになる夢はあきらめてない？」って聞かれたときに自分は即答で「はい！」って言っちゃって、「じゃあ、ウチに来ない？」って聞かれて「行きます！」って、誰にも何も相談せずにその場で決めちゃって。

――だって食事に向かう道中も、プロレスラーになるとは思っていないですもんね？

橋本　はい（笑）。でも里村さんのあの目で言われたら「はい！」って言うしかないのと、自分も気持ちが吹っ切れたというか、本当にやりたいことだなと思って。

「やっと自分もいろいろと落ち着いてきて余裕もあるぞと思っていたら、『違う方と結婚します』って連絡が来て『そうか……』と」

――そんな夜があったんですね。

橋本　そうなんですよ。その1日で人生が一気に変わりましたね。

――それで婚約指輪をもらっておいて、やっぱり青森には行きませんと。

橋本　はい。でも凄く理解がある方だったので、「夢があるんだったらそっちを応援するよ」って言ってくれて。

――いい男ですね。それでお別れをされたんですか。

橋本　あの、そこはいちおう別れたテイで。

――あっ、入門するからには（笑）。

橋本　入門するからには別れたテイで。やっぱ禁止なんで（笑）。

――ということは、入門してからもしばらくお付き合いをしていたんですか？

橋本　2年くらいは。

――そんなに。それは本当に内緒なんですか？

BELLY TO BACK

BELLY TO BACK

橋本　もちろん里村さんには言ってました。入門するときに婚約指輪までもらっていることも伝えていたので、それで名前を変えて入るかどうかで迷っていたんですよ。

——名前を？　どういうことですか？

橋本　籍を入れて名字を変えてからプロレス界に行くか、それとも橋本のままで行こうか迷っていて。でもまあ、何があるかわからないからとりあえず籍は入れずにっていうことで。

——ああ、もう本当に結婚寸前だったんですね。

橋本　そうだったんですよ。でも自分も入門したら忙しいとかあって。

——すぐにひとつのことに前のめりになっちゃいますもんね。

橋本　そうなんです。そこでもう本当にどうでもよくなっちゃったんですよ（笑）。

——これからはプロレス！と（笑）。

橋本　本当にそっちに連絡しているヒマもなく、っていう感じだったので、「別れようか」ってなって別れてしまって。それで本当にここ2、3年で、やっと自分もいろいろと落ち着いてきて余裕もあるぞと思っていたら、あっちから「違う方と結婚します」って連絡が来て、「そうか……」と思って。婚約指輪も取っておいたんですけど。

——えっ、まだずっと気持ちはあったんですか？　その間は付き合っていなかったんですよね？

橋本　まあ、そうですね。付き合ってはいないです。

——でも、まだちょっと思いが。

橋本　やっぱ思いはどこかでありましたね。

——それは向こうも？

橋本　あったんじゃないかなと思うんですけど。

——じゃあ、連絡は取り続けていたんですか？

橋本　いや、なかったです（笑）。

——向こうはないでしょ、それ（笑）。

橋本　えーっ、なんでですか！　絶対にありましたから（笑）。あったと思います。

——それくらいちょっといいヤツというか。

橋本　凄くいいヤツだったんですよ。でも違う人と結婚するとなって、もう終わりだと思って婚約指輪は売りました。

——えっ、どこに売りました？

橋本　メルカリですね（笑）。

——まあ、タニマチ禁止ですから自活していかないといけないですもんね（笑）。

橋本　そうです（笑）。いまも彼氏を作ろうと思ってがんばっています。

——橋本さんのことを「もうドンズバです！」っていう人、多そうですよね。

橋本　いや、そんなにいないですね。あと私は自分から好きになりたいタイプというか、相手から来られたら凄く嫌です。でも出会えないんですよ。

——朝から走ってますもんね（笑）。

橋本　走ってますから（笑）。同じプロレスラーとは出会いがあるんですけど、そういうふうには見れないというか。それに男子レスラーから話しかけられても「橋本さんは練習で何をされてますか？」みたいな（笑）。

——筋トレのアドバイスを求められる（笑）。

橋本　なんかDMが来たなと思ったら、「橋本さん、すみません。これはどういうセットでやってますか？」みたいな感じでくる人が2、3人いて、それはそれで凄くうれしいんですけどね。

——でも、ここはちょっと大相撲力士にいっておきたいですね。

橋本　本当に自分は力士と結婚して、すべての新聞とか雑誌の一面や表紙になりたいっていう夢がありますね。

——じゃあ、三役あたりをいきたいですね（笑）。

橋本　いきたいっスねえ（笑）。

「里村さんが『なんでもっとレスリングの技術を活かさないの?』って。アジャ・コングからも『プロレスに馴れ合うな』って言われましたね」

——いまもよく相撲はご覧になられるんですか？

橋本　観ます。やっぱり翠富士が凄く好きですね。なので明日が新木場で、あさってが新宿FACEで試合だから、それが終わったら大阪まで相撲を観に行きます。

——まったく何かのついでになっていないですね（笑）。東京から大阪に行って、相撲を観てから仙台に戻ると。

橋本　はい。楽しみですねえ（笑）。

——楽しんできてください。最初はなぜ身体をデカくしていこうと思ったんですか？

橋本　自分の意識でデカくなったわけじゃないんですけど、トレーニングしていたらどんどんデカくなりましたね。やっぱレスリングとは違う練習なので身体が大きくなっていって、特にがんばってデカくしようっていうのはなかったんですけど。

——ぶっちゃけ、中学を卒業してすぐプロレス界に入るっていうときと、日大でレスリングをやってそこからっていうのはだいぶ意識が違うと思うんですよ。たとえば入門前にプロレスを観ていて「この人、弱そうだな」って思ったこともあるはずで。

橋本　そうですね。

——そこでちょっとプロレスに対して呑んでかかるというか、ナメるようなことはなかったんですか？

橋本　いや、やっぱ自分はプロレスに対して凄くリスペクトがあったので、ナメてかかってはいないですね。

——やっぱり、そこはまったく別の勝負になるとわかっていた。

橋本　はい。でも全員に勝てるとは思っていました。「私は負けないぞ。練習量もこの人たちよりは絶対にやってるし」って思っていたんですけど、デビューして3カ月くらいでアジャ・コングとシングルマッチがあって。

——さっきから、なんでアジャさんだけ呼び捨てなんですか（笑）。

橋本　アジャ・コングとのシングルってことで意気込んでいたんですけど、ひさびさに土性沙羅と闘ったときのことを思い出して。

——アジャ・コングに土性沙羅を見ました？

橋本　見ました。本当に。「壁だ！」と思って。ひさびさに岩みたいなのと闘ってるなって。やっぱ体重も120キロくらいあるので、レスリングはそんな人と闘わないじゃないですか。なのでタックルに入って潰されたりとかしたときに「うわっ、これは違うな！」と思って。そう思っていたら、いきなり場外に出されてイスで殴られたりとかして「これがプロレスだ！」と思って（笑）。でも、そこで「この人には絶対に勝ちたい！」と思って、そのときの目標は打倒アジャ・コングでしたね。

——自分はいちばんではなかったと。

橋本　本当に心を折られましたね。「あっ、ヤバい……」と思って。あっ、思い返せばそのときに自分の中で意識的に身体をデカくしなきゃっていうのがあったかもしれないですね。

——アジャ・コングみたいな人と闘うこともプロレスでは当たり前のようにあると。

橋本　そうですね。

——いま、自分と同じような意識でプロレスをやっているなと感じる人ってほかにいますか？

橋本　女子レスラーでは、Ｍａｒｖｅｌｏｕｓの桃野美桜っていう凄くちっちゃな選手なんですけど、そいつだけは「あっ、コイツは凄いな」って思いましたね。練習に対する姿勢とか意識の高さが凄いです。あとはもちろん里村さんもそういう姿勢なので。

——とにかく日々練習をみっちりやるという。ましてや橋本さんはレスリングのベースがある上で鍛え続けていて、でもそうではない選手もいるわけですよね。

橋本　あー、自分はそれに腹が立ったというか「なんでそうなるんだろう？」みたいな。それが本当に正しいのかなと。「だからみんな衰えていくんだよね」って思っていますね。

ハッキリ言ってプロレスラーとしてのオーラはありますけど、「じゃあ、本当に動けるのか？」ってなったときに自分はそうは思わないし。練習をしていないレスラーが多すぎますね。やっぱり何年経っても練習するのが普通だし、レスリングだって世界を目指している人は何歳になっても練習をするし、たぶん格闘技の世界もみんな練習しているし、と思って。そこをナメられたくないと思って、自分はずっとやっていますね。

――そういう意識って、ちゃんと表面的にもにじみ出ますよね。

橋本　そうなんですよ。自分はそう思っています。

――里村さんからはプロレスに関して何を教わりましたか？

橋本　基本的に直接練習は教えてもらっていないので、試合を通して見せられた感じですけど、「これがこうだからこうだよ」とか「ここを取ってここがこうなるから、次の動きがこうで」とか細かい部分ですかね。里村さんって凄く細かくて、そういう技術的な面をおろそかにしない感じですね。それで私だったらレスリングをやっていたので、「なんでもっとレスリングの技術を活かさないの？　プロレス寄りにならなくてもいいんだよ」みたいなことは言われますね。

――それは里村さんが言ったんですか？

橋本　はい。それはアジャ・コングにも言われたんですけど。

――だから、なんでアジャ・コングだけ呼び捨てなんですか（笑）。

橋本　もういまさら戻せなくなっちゃって（笑）。アジャ・コングからも「プロレスに馴れ合うな」って言われましたね。

――いい言葉ですね。

橋本　「おまえの持ち味を出せ」って言われて「あっ、そうだな。私にしかできないことはたくさんあるよな」と思って、3、4年目くらいのときですかね、そこから意識を変えて。やっぱり自分の中で「プロレスはこうだ」っていうのがあって、そこを崩さないとみんなと同じになると思ったので、そういうアドバイスは自分の中で大事にしてきましたね。

「自分も霊長類最強みたいになりたいけど、それって誰が決めるんだろうって。これはもう試合で勝ち続けるしかないんだよなって」

――いまの時点で、プロレスラー橋本千紘が目指すべきところはなんなんですか？

橋本　目指しているのは、自分自身が納得する強さというか、将来的には私が負けたことでニュースとしてバーンと出るみたいな。勝って話題になるのは当たり前だけど、負けたときに「えっ、橋本千紘が負けた⁉」みたいな感じぐらいになるのがいいなって。

――「橋本敗れる！」と。

橋本　やっぱり男とか女とか関係なく、強さというものをプロレスで見せたいですね。

――だからそこも時代の空気と合っているというか、ジェンダーレスって言うんですかね。「男も女も関係ねえよ、強えヤツが強えんだよ」みたいな。たとえば青木真也と試合することに不安とか躊躇みたいなものはないんですか？　プロレスってそんなものも超えちゃうんですかね？

橋本　もう闘うとなったときには関係ないですね。男とか女とか関係なく、男だとなおさらガツガツいけるんで。そういうチャンスをもらえて自分はうれしかったです。

――世代的にはもう普通にMMAとかも世の中にあったわけですけど、そこへの興味はいっさいなかったですか？

橋本　もう本当にプロレスがいちばんだと思っているんで、格闘技にはまったく興味がわかないですね。

――プロレスラーになったのちに「プロレスを代表してMMAもいっちょやってやろうか」っていう気になったこともないですか？

橋本　本当に一時期は迷ったんですけど。気持ち的には「いけるのかな」とか。でもそれって格闘技の人たちに対して失礼だなと思って、やるなら2、3年はちゃんとそっちの練習をしたいなっていう。安部学のひとつ下の後輩だった村田夏南子もMMAに行ってがんばっている姿も見ているので。ただ、やっぱ自分の中では別物なんですよね、プロレスと格闘技っていうのは。

――ボクはそれが観たいとかそういうことでは全然なくて、橋本さんの世代の人たちってどういう意識なのかなっていうのが知りたくて。

橋本　1回、「やってみない？」って言われたことがあって。

――絶対に言われるでしょうね。

橋本　はい（笑）。それで里村さんにも「こういうふうに言われました」って言ったら、ちょっと前までは「ダメ！」って言われていたんですけど、いまは「やりたいなら全然いいよ」って言われるんですよ。

――そこの判断も本人にまかせているわけですね。

橋本　はい。「自分で決めていいから」って言われて。でも、やっぱ違うなと思って断りましたけど。

――それなら女子相撲のほうが（笑）。

橋本　あっ、女子相撲のほうが自分は興味ありますね。女子相撲をやっている人たちは絶対に強いと思うんですよ。そこからプロレス界に引き連れてきたいなとか思いますね。

——あー、いいですね。

橋本　そうやって、ちょっと違うジャンルから引っ張ってきたいなって。

——業界を超えた、誰しもが知っている存在になりたいとかっていうのはありますか？

橋本　それは凄くあります。やっぱりメディアとかにもたくさん出たいっていう願望はありますし、ＳＮＳやＴｉｋＴｏｋやＹｏｕＴｕｂｅとかも、もっとがんばってやりたいなと。

——知る人ぞ知る、ではなく。

橋本　たくさんの人に知ってもらいたいっていうのはあります。レスリングで言ったら吉田沙保里みたいに誰でも知っている、強い、霊長類最強女子みたいな。そういう感じになりたいですね。

——やっぱり橋本さんも霊長類最強になりたいですか？

橋本　なりたいですねえ。まあでも、それって誰が決めるんだろうって最近凄く考えていて、「これはもう試合で勝ち続けるしかないんだよな」と思って。自分で決めることでもないですし、いまはとにかくたくさん試合をして目立っていきたいですね。

——そこで決まった朱里戦ですが。

橋本　そうですね。

——あの人も凄く特異なキャリアを積んできたというか、ハッスルでプロレスの基礎もちゃんとしているし、格闘技もやってっていう。プロ意識という部分では似たようなものがあるのかなと。

橋本　まあ、あのスターダムの中では唯一認める存在ですよね。でも、いまは本当に自分の中では無双しているんで、コンディションもいままでいちばんいいですし、とにかく負ける気がしないですね。

——たぶん、今年は橋本さんにとって飛躍する特別な年になりそうな気も。

橋本　それは自分でも凄く思っています。

——ツイッターで見たんですけど、コロナになったあたりの頃に夢をノートに書いていたっていう。

橋本　そうですね。叶えたいと思っている夢を、紙に34個くらい書いたんですかね。

——大盛りですね。叶えたい夢が34個あると。

橋本　はい。それがいま地上波に出る話が来ていたりして、ちょっとずつ叶い始めてますね。今日のお取材とかもそうですし。

——あっ、あとボクらのようなオヤジたちの心をくすぐる、

「オブライト」とか「バズ・ソイヤー」っていう技の名前はどなたが考えたんですか?

橋本 それのもともとは自分も知らないんですよ。それがジャーマンをやり始めた頃にSNSでみんなから「オブライトだ!」って言われて。

――「まるでゲーリー・オブライトのようだ」と。

橋本 はい。それで「オブライトってなんだ?」と思って調べてみたりしたんですけど、ある日の試合結果から突然「オブライト」ってなっていて。

――公式発表で(笑)。

橋本 公式でいきなりオブライトってなっていて(笑)。それとバズ・ソイヤーは自分がパワースラムを使い始めたときに新崎人生さんから「バズ・ソイヤーは知ってるか?」って聞かれて「知らないです」って答えたら、「YouTubeで観てみろ」って言われて、直接道場にも教えに来てくれて、「じゃあ、これはバズ・ソイヤーにします」と言って、それもそのまま技の名前にしました(笑)。

――なるほど(笑)。今日はありがとうございました。ますますのご活躍を期待しています!

橋本 はい! ありがとうございます!

橋本千紘(はしもと・ちひろ)
1992年7月1日生まれ、福井県坂井市出身。プロレスラー。センダイガールズプロレスリング所属。
中学3年生のときにセンダイガールズの入門テストを受けて合格するが、その頃始めたレスリングに傾倒し名門・安部学院高校に進学して本格的にレスリングを始める。3年時にアジアジュニア選手権67kg級優勝、全日本選手権3位。その後、日本大学に進学して2年時に世界学生選手権3位の成績を残す。大学卒業後にセンダイガールズに入門して2015年10月11日、豊田真奈美&岩田美香戦でデビュー(パートナーは神取忍)。2016年10月16日、師匠の里村明衣子からフォール勝ちを奪ってセンダイガールズワールドシングルチャンピオンシップをデビュー1年で獲得。2019年3月21日、DDTプロレスリングで竹下幸之介&彰人&飯野雄貴組が保持するKO-D6人タッグ王座に挑戦し勝利、女性初のKO-D6人タッグ王者となる。2020年10月4日、優宇とのタッグ「チーム200kg」で松本浩代&DASH・チサコを破りセンダイガールズワールドタッグチームチャンピオンシップを獲得。2022年12月29日、DDTで青木真也とシングル対決をしてオブライトでピンフォール勝ち。デビュー以降レスリング仕込みの技術と日々のトレーニングによる類稀なるパワーで快進撃を続け、2023年4月23日、スターダム『ALLSTAR GRAND QUEENDOM 2023 Powered by ソフトバンク NFT LAB』横浜アリーナ大会で、朱里とのスペシャルシングルマッチをおこなうことが決定している。

バッファロー吾郎Aの
きむコロ列伝!!

Buffalo GoroA

第136回 引退試合とは何か？

バッファロー吾郎A

2月21日。ルミネの出番を終えて武藤敬司最後の雄姿を見届けるために東京ドームへ。コロナのせいでプロレス生観戦は約4年ぶり。ドームで観戦となると10年以上前になる。当日券引き換え所は長蛇の列。春がすぐそこまで来ているとは思えない極寒の中で、ひとり寂しく並ぶのはかなり辛いが泣き言は言っていられない。熱いコーヒーが飲みたいのをグッと堪えて50分ほど並びようやく入場。

正直、この試合は失礼だがセレモニーの意味合いが強いと勝手に思っていた。それほど元旦のグレート・ムタvsSHINSUKE NAKAMURAが凄すぎたからだ。なので武藤さんが元気な姿でリングを下りてくれさえすればそれでいいと思っていたし、観ている人のほとんどが私と同じ気持ちだったと思う。

でもそれがまさか引退試合で熱狂するとは思わなかった。武藤さんは我々の思いをブチ壊しにきた。それは1995年10月9日の東京ドームのときもそうだった。Uインターとの対抗戦。新日本のファンはなんでもいいから勝ってほしいと願っていたが、まさかドラゴンスクリューからの4の字固めというドの付くほどのプロレス技で勝つとは誰も思わなかった。武藤敬司とはそういう男だ。

28年前と状況も内容もまったく違うが、あのときと同じような熱気がドームに充満する。

親友でありゲスト解説を務める蝶野さんの目の前でSTF、そして故・橋本さんのDDT、そして永遠のライバルだった故・三沢さんのエメラルド・フロウジョンまで飛び出すなんてまるで強敵（とも）の技を使う『北斗の拳』の世界観で、会場のボルテージが一気に上がる。これらを拝めただけでも観に来た甲斐があったと誰もが思う中、武藤さんはコーナーに上がり始める。もちろんムーンサルト・プレスをやるために。

やらなくていい。そんなことをしたら二

バッファロー吾郎A/本名・木村明浩（きむら・あきひろ）1970年11月24日生まれ/お笑いコンビ『バッファロー吾郎』のツッコミ担当/2008年『キング・オブ・コント』優勝

度と立てなくなるかもしれない。みんな元気な姿でリングを下りてほしいだけだ。武藤さんは二度挑んだがどちらも断念。それでいい。ここで月面水爆を放てなかったことで負けたかもしれない。しかし、ここから武藤劇場に拍車がかかる。蝶野さんを呼び込んでまさかの引退試合2試合目。蝶野さんとのロックアップで涙腺崩壊（その前から泣いていたが）。そして前代未聞の引退試合で連敗。それだけではない、武藤、蝶野、橋本、三沢、4人同時に引退試合をおこなうというとんでもない偉業を成し遂げた。

私は帰り道、寒空の下を歩きたくなって水道橋ではなく一駅向こうの飯田橋まで武藤の入場テーマ曲『HOLD OUT』を口笛で吹きながら歩いた。

ここまでは昔の週〇ロの記事風に書いてみたつもりだ。なぜそんなことをしたか？

私にとって武藤さんは青春だったからついそんなことをしたくなった。ここからはいつも通りに書かせていただく。

歴史的引退試合が盛り上がったのは対戦相手が内藤選手だったからだと思う。しかし内藤選手はとんでもない十字架を背負ってしまった。それは内藤選手がいつか引退試合をするときにこれを超えなければいけなくなってしまったことだ。内藤選手だけではない。棚橋選手やSANADA選手など武藤さんにゆかりがある選手はみんなこの伝説と比べられてしまう。そこで今回は『武藤引退試合を超えるためには？』をいくつか考えてみた。

『国立競技場興行』

格闘技興行はあるがプロレス興行はまだやっていない。相当なインパクトがあると思うがさすがに集客が厳しいか。

しかし、内藤選手や棚橋選手が引退するのはまだまだ先の話だ。その頃には文明が進化してAIとかもの凄いことになって『内藤vs猪木』とか『棚橋vs馬場』などプロレスゲームのようなカードが実現すれば国立競技場超満員も夢じゃない。

『フォール式』

大相撲の断髪式のような感じでゆかりのある方々にフォールしてもらい3カウントを聞くというセレモニーはどうか？　これなら大臣や社長やご家族も参加できる。そして何日かかるかわからないが観客も含めた来場者全員からフォールを奪われれば間違いなく歴史的大会になる。

最後に私がいちばんオススメしたいのが、『会場がとてもいい香り』だ。

テレビ中継や配信があっても来場者だけが嗅げる特権がある画期的な企画。香りの選別はもちろん引退する選手。観戦したファンも、

「あれ？　この香りはたしか〇〇選手の引退試合のときの香り。受け身でリングが揺れるたびにレノアハピネスの香りがフワっと広がるのがよかったな」

「そういえば10年前の△×選手のときはおばあちゃん家の仏壇部屋の匂いがしたな。あのときは試合内容がよかったのに畳が恋しくなって眠たかったよ」

と、香りを嗅ぐだけで何年経とうがスグに思い出せるし、これなら現代でも実現可能だ。

まあ半分冗談だが、プロ格の選手は元気な姿で引退してくれたらそれだけで嬉しい。

武藤さん、お疲れ様でした。

女優・タレント

西村知美

「私は夜に歩いたりするのが大好きなので
職務質問されることがあるんです。
それで『荷物を見せてごらん』って言われて
見せたら、私のカバンの中から
もう出るわ出るわ、いろんな鍋が（笑）。
いつも誰かに何かを疑われてるんじゃないかって
本当にドキドキしちゃいます～」

とろりんが刺客の投入を示唆！
KAMINOGE 美魔女軍団結成か!?

収録日：2023 年 3 月 10 日
撮影：保高幸子
聞き手：井上崇宏

KAMINOGE
KYOUKI NO SAKURA

がんばれ！長州くん

「いつも絶不調、ずーっと調子が悪いです（笑）。ずっと一流でいらっしゃる菊池桃子さんが凄くうらやましい」

――西村さん、大変ご無沙汰しておりました。

西村　ご無沙汰しておりました。

――もう前回のご登場は1年以上前になるんですよ。

西村　えっ、そんなに経ちましたか？　もう井上さんの印象が強すぎて、３カ月に1回くらい会っているようなイメージです（笑）。

――じつはボクも「ご無沙汰しておりました」と言いつつ、ひさしぶりにお会いした感じがしないんですよ（笑）。たぶん西村さんって、いつお会いしてもお変わりないからですかね？

西村　今日はさっきまでテレビのお仕事でプロのメイクさんにお願いしたので、ずいぶん顔は変わっていますけど（笑）。

――いえいえ、いつもお綺麗です。だって「西村知美、不調の年」みたいなのがないわけですよね。

西村　いやいや、いつも絶不調ですよ（笑）。

――それはないですよ（笑）。

西村　ずーっと調子が悪いです（笑）。一流のアイドルの方たち、たとえば菊池桃子さんはずっと一流でいらっしゃるじゃないですか。凄くうらやましいなって思いますね。

――ボクもさっき西村さんが出演されていた番組を観ていたんですけど、温泉ロケをされていましたね。

西村　はい。私は温泉ソムリエマスターの資格を持っているんですけど、とにかく温泉が大好きなんですよ。それでテレビ東京さんの『よじごじＤａｙｓ』さんでは、コロナのときもソーシャルディスタンスを守りながら温泉ロケをさせていただいたんですね。本当にそれがうれしくて、ドラマであれば『水戸黄門』の由美かおるさん、私は〝旅番組の由美かおる〟を目指したいなと。かならず温泉シーンがあるみたいな。

――人知れずそこを目指していたんですね（笑）。タオル一枚で温泉に入られていましたけど、西村さんってセクシーすぎませんか？　ちょっとビックリしました。

西村　えーっ!?（笑）。そうですか？

――はい。「こんな時間帯に地上波で流していいのかな？」っていうくらいの。

西村　本当ですか？　いやもうけっこう垂れてるので、寄せて上げてなんですけどね（笑）。

――いえいえ。でも、その美貌を保つためにそこまでケアはされていないというイメージがあるんですよ。

西村　もうなんにもやっていないんですけど、やっぱり温泉ですね。特に酸性泉だと殺菌効果もありますから。

――そんなに温泉に行ってますか？

西村　娘がまだ幼稚園の頃は、3日に1回くらいは温泉に行ってましたね。

――行き過ぎじゃないですか（笑）。

西村　都内だけでもたくさんいい温泉があるのであっちこっちに行ったんですけど、娘の学校が始まってからは週1回くらいしか行けなくなってしまって。

――それでも週1で。

西村　妊婦のときもあまりにも温泉につかりたくて、でもちょっと刺激が強いので控えていたんですよ。それで安定期に入ったときに主人と別府のほうに行きまして、全身つからずに手と足だけつかっていました（笑）。

――えーっ！　別府まで行って（笑）。

西村　そうなんですよ。いまは足湯、手湯とかもありますからね。それで指だけをつける指湯っていうのもあるんですけど、なんと「顔湯」もあったんですよ。

――えっ、温泉に顔だけつけるんですか？

西村　私も「えっ、顔湯って顔だけつけるのかしら？　なんの修行なの？」って思ったんですけど、そうじゃなくて湯気がありますよね。あのミストを顔で浴びるっていうことだったんで「なるほど～！」と思って（笑）。

「長州さんが『帰らないで』っておっしゃっていたんですけど、まあ、置いて帰りましたけどね（笑）」

――じゃあ、温泉ロケは大好きな趣味をお仕事にもできている感じですね。

西村　もう大好きです。それでいま私は「湯浴み着」を推奨してるんですよ。

――湯浴み着。

西村　湯浴み着は、混浴でも女性の方が気にせずに入ることができたりとか、手術をされていたりしてその痕が気になるとか、体型を気にされている方とかがちょっと他人の目が気になるっていうときに便利なんですけど、それを温泉地とかでもどんどん推奨していて「着て入浴も大丈夫ですよ」っていうところがずいぶん増えてきていますね。

――そうなんですね。

西村　ただ、その湯浴み着がけっこうシンプルなんですよ。だから水着じゃないですけど、もっとかわいらしい色や柄のものもあったらいいのになって思うので、ぜひ『KAMINOGE』で作ってもらいたいなと（笑）。

――また出ましたね、アイデア商品が（笑）。

西村　「これを着てみんなで混浴を楽しみましょう！」みたいな（笑）。

——西村さんからはいつもお知恵をいただいていますけど、たとえばどういったデザインにすればいいですか？

西村　（自分が着ているTシャツを指差して）この『がんばれ！長州くん』とかの絵だったりとかでもかわいいじゃないですか。こういうのとか、私は意外とTシャツに文字が入っていたりするのが好きだから、文字を入れてみたりだとか。

——文字を。

西村　外国とかでも、日本語が書かれてあるTシャツを見かけたりすると凄くうれしくなっちゃうんですね。「あー、日本語だー！」なんて思いながら（笑）。漢字とかも外国の方には人気があるらしいですからね。

——それこそ漢字のタトゥーを入れている人も多いですよね。

西村　私、タイ古式マッサージを受けにタイに行ったとき、ロンドン出身でハタチの女性の方とペアを組んで私が揉んであげていたんですね。そうしたらその方の腰あたりに漢字のタトゥーが入っていて、「あっ、漢字だ」と思ってちょっとうれしかったんですけど、その文字が「女」って書いてあって（笑）。

——そのまんま（笑）。

西村　私も「えっ、女？」と思って、思わず片言の英語で「これはなんで女っていう漢字なんですか？」って聞いたら「えっ、私、女だから」って（笑）。

——「ああ、そうですか」としか言えないですね（笑）。

西村　きっと「WOMAN」とは入れたくなかったんでしょうけど、漢字の「女」はイメージというかニュアンスが彼女にとっては素敵だったんでしょうね。ご本人がいいと思ってるんだったらいいなと思って、私はそれ以上は何も言わなかったんですけど。話が全然変わるかもしれませんが、タイで向こうの「コップンカー（ありがとう）」とか「サワディカー（こんにちは）」とかって言葉を覚えたのでしゃべってみたら、向こうの方が片言の英語で「日本語、ひとつだけ話せる」っておっしゃっていて、「えっ、日本語なんですか？　凄いですね！　どんな日本語を覚えたんですか？」って聞いてみたら「ワタシハ、田中デス」って言ったんですよ（笑）。

——アハハハハ！　どこかの田中さんから教えてもらったんでしょうね（笑）。

西村　もう私、「それ、どこで使うんですか？」と思って（笑）。でも、それはそれでね、せっかく覚えた日本語だからと思って、そのままそっとしておきましたけど。

——他人がとやかく言うことではないかもですね（笑）。そうそう、Tシャツといえば『がんばれ！長州くん』でお母さん役の声をやられていましたよね。

西村　そうなんですよ。本当に珍しい現場で、長州さんもみんなも練習なしでぶっつけ本番だったんですよ。凄いですよね。

——「長州さんの機嫌のいいうちに録っちゃおう」っていう

のはあったでしょうね（笑）。
西村　それで収録が終わって私が帰ろうとすると、長州さんが「帰らないで。なんでボクよりも先に保護者が帰るんだ」っておっしゃっていて（笑）。
――ただのお母さん役なのに（笑）。
西村　保護者って私は長州さんよりも20歳下なんですけどね。まあ、置いて帰りましたけどね（笑）。

「私はなんにも悪いことをしていないのに、まるで犯罪をしたかのように緊張してしまうんです」

――気にせずに置いて帰った（笑）。

西村　またまた話は全然変わるんですけど、普段の私はなんでもかんでも気にしすぎちゃうんですね。娘からもよく「そんなのママだけだよ」って言われるんですけど、人の目とかまわりの目をめちゃくちゃ気にしたりして。

――えっ、そんなイメージはないですよ。

西村　そうですか？

――はい。常にマイペースな方という印象です。

西村　いえいえ、私はもの凄くまわりの目とかを気にするんですよ。ついこないだも主人と娘と私の３人で主人の実家に電車で行ったんですよ。そのときに向かい側に座っていたご夫妻がとある駅で降りたときに「椅子にある黒いのはなんだろ？」ってパッと見たら、「あっ、お財布だ！」って思ったときにはもうドアが閉まっちゃったんですよ。

――その人が財布を落として電車を降りていっちゃったんですね。

西村　それで「どうしよう、どうしよう」となって。でも私たちの隣にもお客さんが座っているし、ここは私の出番じゃないなと思ったんですけど、誰ひとりそのお財布を拾わないんですよ。それで「えっ、誰も拾わない。どうしよう……」と思って。

――そのそわそわしちゃう感じ、わかりますよ。

西村　まず私が気づいたときに「あっ、お財布！」って言って指をさしちゃったので、そのときに車内のみんなもパッと見てお財布の存在を知っちゃっているんですね。なのに誰も拾わないので「どうしよう、どうしよう……」と。なので、これはもう指をさして言っちゃった人が権利みたいな。

――権利？（笑）。

西村　最初に見つけた人が拾って責任を持たなきゃいけないなと思って、「でも私、最後まで責任を持てるかな？　どうしよう……」と思って。でも私もお財布を何度も落としたことがあるので、かわいそうじゃないですか。

――電車を降りたら「あっ、財布がない！」となって、落と

した本人は気が気じゃないですよね。

西村　「いま絶対に慌てていらっしゃる。早く届けてあげたい……」と思っていたら、そこにほかの方が来て、気づかずにそのお財布の上に座っちゃったんですね（笑）。

――思わぬ伏兵が！（笑）。

西村　まったく気づかずにドシンと座っちゃったので、そこでついに「あっ！　これはダメだ！」と思って、「すみません、前にそこに座っていた方がお財布を忘れられているんで」って言ったら、「えっ!?」ってなって、私が「すみません」って言ってそのお財布を持っちゃったがために……。

――ために。

西村　これは私が絶対に責任を取らなきゃと思って、それからはもう私はなんにも悪いことをしていないのに犯罪をしたかのように緊張して……。

――でもそれ、凄くわかります！　みんなが「で、それ、どうするんだ?」って思っているんじゃないかみたいな（笑）。

西村　まさしくそうで、私がカバンに入れて持ち帰ろうとしていると思われているんじゃないかって。だからもう電車を降りるまでずっと緊張しちゃって、「どうしよう、どうしよう……」みたいな。そうしたら娘が「じゃあ、私が届けるよ」って言ってそのお財布を持ってくれたんですけど、「その持ち方じゃダメよ！　ヒザの上じゃダメ！　やっぱり私が持つ！」って奪い返して（笑）。

――アハハハ！　余計に不審！（笑）。

西村　それから私、お財布をずっと顔くらいの位置に上げて持っていたんですよ（笑）。

――心臓よりも上だと（笑）。

西村　「これは私が責任を持って絶対に届けます！　私は絶対にカバンの中には入れません！」っていうのを全面的にアピールして。

「じつは私、べつに誰からも頼まれてはいないんですけどサクラを凄くやるんですね」

――全面的にアピールしなきゃいけませんね。

西村　それで降りるときも向かいの人に「これ、駅員さんに届けてきますね！」って声をかけてアピールして、駅員さんに渡すまでがもうドキドキで……。だって駅だからどこからでも防犯カメラで撮られているので、もう財布を天高く掲げて「私、大丈夫ですよ！」って。

――アハハハ！　私、大丈夫ですよ！（笑）。

西村　それで駅員さんに「すみません、忘れ物です！」って渡したときに「えっ、どこに？」って聞かれたんですけど、私はもう頭がパニクってるのでうしろから娘が「○○行きの電車の何番目の車両の何番目の席の右側に置いてありました」ってテキパキと冷静に話してくれて。「もう、さすが！冷静にちゃんとチェックしてたんだね！」って思って。

——いや、お気持ちは本当によくわかります。

西村　私は一歩間違えたら犯罪者になるんじゃないかと思って。なんでしょうね、あの心理。道端でパトカーとすれ違っただけでも、何も悪いことはしていないのにドキドキしたりとか。

——あっ、あります！（笑）。

西村　ありますよね？　私はあれがもうダメなんですよ。そういう気にしすぎな性格なので、回転寿司とかも大好きでよく行くんですけど、自分が好きなものを頼めないんです。

——どういうことですか？

西村　いまはパネルで注文する形になっていますけど、どうしてもまわりの方を見ちゃうんですよね。たとえば隣の人が、会社の後輩の方と来ていて「好きなのを食べな」って言っているところに、私がその方よりも高いものを食べたら申し訳ないなとか。

——その心理はわからないですね（笑）。

西村　申し訳ないからオール100円のほうを頼もうみたいな。だけど100円のものばっかり食べちゃうと、お店の方の売り上げのことを考えていない。それも悪いかなと思って、ちょっと上のお値段のものも途中で頼まなきゃいけないなとか。なので「三歩進んで二歩下がる」みたいな（笑）。

——それもよくわからないですね（笑）。

西村　あとはお皿の色のバランスとかも気になっちゃうんですよ。なので「まわりをチェックしながらバランスよく」っていうことは常に心がけていますね。主人や娘からは「気にしすぎだよ」ってもの凄く言われるんですけど。

——謎の調和を保とうとするんですね。

西村　なんかもう気になっちゃって。べつに誰かから何かを言われたわけではないですし、主人は「いや、誰もキミのことなんか見ていないから」って言うんですけど。ただ、本当に気にしなきゃいけないことはまったく気にしていないんですよ（笑）。

——ところで西村さん、こんなことはありませんか？　友達とご飯屋さんに行って、そんなに大きな声ではしゃべっていないのに、そこで発した単語がほかのお客さんに連鎖することって。

西村　えっ、どういうことですか？

——たとえばボクがプロレスの話をし始めたら、隣の席のお客さんが「最近、プロレスとか観てる？」ってなって、けっこう離れている席の年配の人までもが「力道山って凄かったな」みたいな。会話が連鎖していって、いつの間にか店中のみんながプロレスの話をしているっていう（笑）。

西村　はー、それは凄いですね。でも、そういうのってあるかもしれませんよね。たとえば、うどんさん屋とかで誰かが入り口のところでカレーうどんを頼んだら、みんなもカレーうどんを頼むとか、そういう連鎖もありますよね。

――あー、それもありそうですね。

西村　じつは私、サクラを凄くやるんですね。べつに誰からも頼まれてはいないんですよ。

――えっ、どういうことですか？　勝手にサクラを？

西村　食べたお料理がとてもおいしくて、これをみんなにも知ってもらいたい、共感してもらいたいって思って、お店から出たときにわざと聞こえるように「ここ、ビックリじゃない？　なにこの、おいしさ！　ビックリ〜！」って言って、外に出ている看板のメニューを使って「これとこれ、絶対に食べるべき！　もう凄いよ！」ってまわりの人にアピールするように言うんですよ。そしたらみんなが「えっ？」となってお店に入って行って、それを頼んでくれるんですよね。私はそのサクラを本当によくやるんですよ。

――情報をシェアしたくて、ついつい赤の他人に営業をかけちゃうわけですね。

西村　そうなんですよ。もう全面的にアピールしちゃいますね〜（笑）。

「よく〝顔パス〟なんて言いますけど、私はNHKさんの入り口とかでよく止められていましたからね」

――西村さんって意外と慌ただしく生活をされていますね。財布を見つけて心臓バクバク、パトカーが来て心臓バクバク（笑）。

西村　私は夜に歩いたりすることが大好きなので、そうすると職務質問されることがあって。

――西村さんでも職質されるんですか？

西村　されますよぉ。友達の家に向かっているときに職務質問をされて「こんな夜中に何をやっているんですか？」って言われて「いや、友達の家に」って言ったら、「荷物を見せてごらん」って言われて見せたら、まあ出てくる出てくる、鍋が（笑）。

――鍋が!?

西村　もう私のカバンからいろんな鍋が出てくるんですよ（笑）。

――なんで鍋を持ち歩いているんですか？（笑）

西村　友達の家で「私が料理をやるね」って話をして、やっぱり慣れている鍋やフライパンじゃないとやりづらいじゃないですか。

——あっ、それでマイ鍋を持っていくと。

西村　そう。それで出てくるわ出てくるわで、「キミはなんなんだ」と。

——「なんだ、チミは」と(笑)。

西村　「これは盗んだものじゃないか?」って言われて、「いやいや、これは自分のものです」みたいなやりとりを1時間くらいやったりとか。

——1時間も!

西村　本当に。そうやっていつも誰かに何かを疑われてるんじゃないかって思うと、本当にドキドキしちゃいますね。

——ちなみに職質されているときに「あれ?　西村知美さん?」とかってならないんですか?

西村　まったくならないです。よく「顔パス」なんて言いますけど、私は昔はNHKさんの入り口とかでよく止められていましたからね(笑)。朝のテレビ小説で『ノンちゃんの夢』をやっていたとき、入構証を持っていなかったので「すみません、持っていないんです」って言ったら入れてもらえなくて。それで、すぐそばにポスターが貼ってあったので「あっ、これ、私です!」って言っても、「それじゃあ証拠にならないです」って言われちゃって。

——逆に言うと、それぐらいセキュリティがしっかりしていると。

西村　そうなんです。噂ではあの高倉健さんでも止められたらしいですから。それぐらいキチンとしているということで素晴らしいお仕事をされていらっしゃるなと。

——HONDAの創業者の本田宗一郎さんも鈴鹿サーキットに行ったときに通行証を忘れて、運転手がいくら関係者だと説明しても警備員から「お通しできません」と言われて引き返したって話があるんですけど、後日、警備会社に本田宗一郎さんから手紙が届いて「あなたのようなちゃんとした方が警備してくださっていて、私は心強く思います」って書いてあったらしいんですよ。

西村　うわ〜、それは素晴らしい!　それが本当の警備ですよね。

——それでボクが本当に屈辱だなと思うのが、家の町内で職質をよくされるんですよ。

西村　えっ、町内で?

——仕事柄、夜が遅かったりすることも多いので、夜中の2時とか3時くらいに帰宅することがあるんですね。そうしたら自分の家がもうすぐそこっていうところで止められて職質されることほどキツいものはないですね(笑)。

西村　ちょっと失礼ですけど、それはご近所さんが通報したとかではないんですか?　ご近所付き合いは大丈夫ですか?(笑)。

――まさか、ご近所が通報を（笑）。西村さんにこの話はしましたっけ？　夜中の2時くらいにそろそろ寝ようと思って布団に入ったら、外から「キャー！」っていう女性の悲鳴が聞こえたんですよ。

西村　えっ!?　怖っ！

――「えっ、いまのなんだ？」と思って、カーテンを開けて外を見たんですけど、夜中だから真っ暗で何も見えないんですよ。でもあの悲鳴はちょっと異常だったなと思って、外に出て見に行ったら、道端で女性の方が腰を抜かしてへたり込んでいるんですよ。

西村　えー！

――それで「どうしました？」って聞いたら、露出狂の男がパッと飛び出してきて去って行ったと。それでびっくりしてマジで腰を抜かしてるんですね。で、「ちょっと警察を呼びますね」って言って呼んだら、二人組の警察官がチャリンコに乗ってバーッと来て「どうしましたか？」って聞かれたので「いや、こちらの方が」って説明をして。それで警察官が「どんな特徴だった？」って聞いたら、その女性が声を震わせながら「白いTシャツに黒い短パンで、サンダルを履いていて……」って説明したら、ちょうどボクがそれとまったく同じ格好をしていたんですよ（笑）。

西村　いやー！（笑）。

「この方から頼まれたら断れないっていう人は山のようにいます。尻を向けて寝られないくらいお世話になっている人たちが」

——それで急に警察官が「ほほう……」ってボクに興味を示してきて（笑）。「ちょっと待ってくださいよ、ボクが駆けつけて通報したのに！」と。

西村　だってほら、よく「犯人は現場に戻ってくる」って言いますからね（笑）。

——そうなんですよ！（笑）。

西村　まさしくそういうことですか？（笑）。

——違いますよっ！　それでボクも西村さんみたいに心臓バクバクっていう（笑）。何も悪いことをしていないどころかむしろ手助けをしているのに、もう逃げるように家に帰りましたよ。

西村　世の中にはいろんな方がいますけど、やっぱりそういう人っていうのは白いTシャツを着るもんなんですか？

——知らないですし、その質問の意図がわかんないです（笑）。

西村　とにかく、これを読んだみなさんも夜道を歩くときは誤解をされないように気をつけたほうがいいですよね。それがたとえおうちの近所だったとしても気を抜かずに。近所といえば、こないだラジオで京本政樹さんがご自身の体験談を話していらっしゃっていて、以前住んでいたおうちなのかしら、家の隣にマイケル・ジャクソンさんが遊びに来たらしいんですよ（笑）。

——えっ、家の隣に!?

西村　どうやらお隣の方がマイケル・ジャクソンさんと交流のある音楽関係の方だったらしいんですけど、京本さんは「サインほしいなあ。だけど、そんなこと言えないし、失礼だよなあ」と思って我慢していたんですって。そうしたら京本さんちのお手伝いさんが「私がもらってきますよ」みたいな感じでマイケルさんのサインをもらってきてくれたんですって。

——えっ、お手伝いさんが？（笑）。

西村　それで京本さんが「えっ、なんで？」ってお手伝いさんに聞いたら、「私はこちらに来る前は、ロスのマイケル・ジャクソンの家でずっとお手伝いをやっていたんです」って。

——えーっ!?　カリスマお手伝いさん！　だからマイケルとも顔見知りだったんですね。

西村　顔見知りだったんですよ。

——奇跡度で言うと、隣の家にマイケルが来たことよりも、そのあとのほうが凄い話じゃないですか（笑）。

西村　そのお手伝いさんが凄いですよね（笑）。だから普通にサインをもらえて、みたいな。

——しかも、それまでその経歴をひけらかすこともなく。

西村　それで京本さんもビックリしたっていう（笑）。
——じゃあ、西村さんにこれもお聞きしたいです。直で行っても話が通せないけど、「○○さんから言ったら西村さんはオッケーだよ」みたいな、いわゆる顔が利く人っていますか？
西村　私にはそういう方が山のようにいます（笑）。
——山のように（笑）。
西村　数え切れないくらいいます。「舞台を長期で」っていうのはお断りしているんですけど、たとえば、うつみ宮土理さんから何か言われたら鶴の一声で「はい！　わかりました！」ですね。うつみさん以外にも、この方から頼まれたら断れないっていう人は山のようにいます。尻を向けて寝られないくらいお世話になっている人たちが。
——西村さん、それは尻じゃなくて足ですね（笑）。
西村　あっ、足か（笑）。

「立花理佐ちゃんは私以上にテンションが高くて、伊藤智恵理ちゃんは私のマックスの状態の3倍くらいです」

——じゃあ、「西村知美に顔が利く」っていう人はいっぱいいるんですね。
西村　世の中に山のようにいますんで、なんでも動いちゃいますね（笑）。だから井上さんにもいつもお世話になっていますから、井上さんから何か頼まれても「はい！」って鶴の一声ですよ。どこでも飛んで行きます。
——たぶん「鶴の一声」の使い方が違う気がするんですが、西村さん、ボクの顔もすでに利いているんですか？
西村　もう山のようにいる中のひとりですよ（笑）。
——ボクも入れるなら、そりゃ山のようになりますよね（笑）。じゃあ、ボクから何かお願い事をされたら断れないですか？
西村　もう断れないですね〜。
——うわっ、うれしいです！　というか『KAMINOGE』だってそうですよね。毎回絶対に出演していただけるのは、すでにボクの顔が利いているようなもんですよね（笑）。
西村　いやいや、『KAMINOGE』は出させていただいて本当にうれしいですよ〜。あっ、今回は立花理佐ちゃんの話ですみませんでした。
——あっ、そうだ。今日は西村さんが立花理佐さんもお連れしていただけるかもって話になっていたんですよね。でも残念ながら立花さんのご都合がつかずだったんですが、本当にありがたいお話で恐縮しちゃいました。
西村　とんでもない。私と理佐ちゃんはいろんなご縁があって、映画『ドン松五郎の生活』が私のデビュー作なんですけど、そのパート2の『ドン松五郎の大冒険』の主演をやったのが理佐ちゃんなんですよ。同じ東芝ＥＭＩで、島田奈美ちゃんとか共通の友達もたくさんいて。それとお互いの子どもをとりあげてくれた病院の先生も一緒だったりとかして、理佐ちゃんとは公私ともに仲良くさせていただいていますね。

——西村さん的に、立花さんは『KAMINOGE』と相性がいいのではという読みですか？

西村　理佐ちゃんはダンプ松本さんと凄く仲がいいっていうこともありますし、「私、アイドルじゃなくて女子プロレスラーでデビューしたかった」ってずっと言っていますし。

——立花さんはプロレスが大好きなんですよね。

西村　とにかく理佐ちゃんは私以上にテンションが高いです。

——そんな人がこの世にいるんですか？（笑）。

西村　いますよ〜。だから今後もしタイミングが合えば理佐ちゃんとの対談をぜひ。理佐ちゃんも「ぜひぜひ」って言っていたので。

——とてもありがたいお話ですが、これはちょっとボクも安易に考えすぎていましたね。西村さんよりもテンションが高いとなると捌ききれるかどうか……（笑）。

西村　えー？　ちなみにテンションがいちばん高いのは伊藤智恵理ちゃんです。

——えっ、伊藤智恵理さんが？

西村　智恵理ちゃんは私のマックスの状態の3倍くらいはテンション高いですよ。

——西村さんのマックスの3倍ですか!?

西村　伊藤智恵理ちゃんもスケジュールが合えばいつでも〜。

——ちょ、ちょっと待ってください。西村さんの3倍のテンションっていうのが容易に想像することができないんですが。

西村　もう凄いですよ。智恵理ちゃんは『国民的美魔女コンテスト』でファイナルステージまで行ったんですけど、その美魔女モードに入ってさえいなければテンションはヤバいです。

——美魔女のプライドが邪魔をしなければヤバい（笑）。

西村　じゃあ、智恵埋ちゃんのスケジュールも聞いておきますね。ただ、智恵理ちゃんとの対談の日はとにかく体調だけは整えて来てくださいというのが私からのお願いです。

——めちゃくちゃ怖いことを言いますね……。

西村　さあ、私たちのマシンガントークに耐えられるかな〜？って。ウフフフ〜。

西村知美（にしむら・ともみ）
1970年12月17日生まれ、山口県宇部市出身。女優・タレント。芸映プロダクション所属。
1984年11月、姉が写真を応募したことで雑誌『Momoco』のモモコクラブに掲載され、同雑誌が主催した『第1回ミス・モモコクラブ』でグランプリを受賞。これがきっかけとなり芸能界入りし、1986年3月に映画『ドン松五郎の生活』でデビュー。同時に主題歌『夢色のメッセージ』でアイドル歌手としてもデビューを果たす。その後は、ドラマやバラエティ番組、声優や絵本作家として活躍。1997年、元タレントでCHA-CHAのメンバーだった西尾拓美と結婚して、愛娘を授かる。現在も精力的に芸能活動中。

がんばれ!長州くん

鈴木みのるのふたり言

第116回
「死にたくない」

構成・堀江ガンツ

――2・21プロレスリング・ノアの東京ドーム大会では、鈴木さんとも関わりがあった武藤敬司さんとNOSAWA論外さんの引退試合がありました。

鈴木　俺、観たよ。ここ（原宿『パイルドライバー』）で店番しながら、松本（浩代）と一緒にABEMAのPPVをちゃんと買ってね。

――それはやっぱり「最後は観ておきたい」みたいな思いもあったんですか？

鈴木　正直言うと、武藤……もう辞めたから「さん付け」でいいや。武藤さんの引退試合だけだったら観なかったかもしれない。「NOSAWAの最後を観たい」っていう気持ちが強かったから。

――かつてGURENTAIを一緒にやっていた仲間として。

鈴木　そうだね。でも会場には行けなかったので、ここで最後の散り際を観ておくかってことでね。

――NOSAWAさんの引退試合はいかがでした？　主役があっという間に負けるという引退試合も前代未聞かなと思ったんですが。

鈴木　試合については、アイツのやりたいようにやればいいことであって、俺はそれを「観る」っていうことが必要な気がして観ただけだから。ちょっと前にどっかでNOSAWAと会ったんだよ。そのとき「辞める前にどっかでMAZADAと3人でタッグを組んでやりたいよね」っていう話をしたんだけど、引退までの試合予定がもう全部決まっていて、結局呼ばれなかったんだよね。「そっか、思い出作りができなかったな」っていうのはあるけど（笑）。

――NOSAWAさんに話を聞いたら、「本当に身体がキツいから決まっていた試合だけなんとかこなした」と言ってました。

鈴木　まあ、それはその人の都合なので全然。最後、自分の本来のパートナーであるMAZADAを呼んだから、それはよかったなって思ってる。

――今回、武藤さん、NOSAWA選手と、一時期一緒にやっていた選手が引退することについて、どんな思いがありますか？

鈴木　武藤全日本時代、NOSAWAは仲間、武藤さんは敵として、一緒にやってきたからね。ただ、自分の長いキャリアで考えると、関わったのはほんのわずかな時間なんで、あらためて語ることもないかな。

――武藤さんの引退によって、「昭和から平成へと続いたプロレスの物語が一区切り」みたいな言い方をされますけど、鈴木さんはそういう時間軸を超越してますよね。

鈴木　べつに一区切りだと思ったなら、それでいいんじゃないの。俺には関係ないんでね（笑）。昭和プロレスや平成プロレスが終わっても、俺はいま現在の令和のプロレス界で生きている人間なんで。今年に入って（エル・）デスペラード、成田（蓮）と新しいチームを作ったけど、「なんでコイツが『ストロングスタイル』を名乗ってるんだよ？」って思っている古いファンも中にはきっといるだろうけど、俺はそいつらのためにプロレスはやってないんで。「じゃあ、観なくていいよ」って感じだね。

――そういうスタンスでずっと続けてきたわけですよね。

鈴木　そうだね。俺の中にずっと変わらないものがあって。生きていく上で「これがなかったら生きていけない」とか「これさえあれば生きていける」っていうもののひとつがやっぱりプロレスだったんだよ。今年に入り、武藤引退、NOSAWA引退、最近になって原田（大輔）が引退っていうニュースもあったよね。これはずいぶん前なんだけど、藤原（喜明）さんがポロッと言ってたんだよ。「引退できるって幸せなんだぞ」って。それはたしかにそうだなって思う。

――引退試合をやってもらえる場所と、次にやることがあるってことですもんね。

鈴木　引退式とか引退記念大会とかをやっている人って、じつは凄く少ないじゃん。人知れずに辞めていく人のほうが圧倒的に多いんで。引退って凄く個人的な問題だと思うんだけど、こうして引退が続くと順番で「次は……」みたいに言われることが増えたら俺は嫌だなと思って。

――勝手に俺をその流れに巻き込むなと（笑）。

鈴木　俺はこの世にレスラーとして生を受けてから、〝順番待ち〟をするようなことは一度もしてきたことがないんで。いつでも〝飛び級〟するつもりで上にかじりついてきたから。新日本でデビューして1年経たずに新生UWFに移籍して、キャリア1年のときには東京ドームでキックボクシングの世界チャンピオンと異種格闘技戦をやってきたんだから。ずっと飛び級でやってきたし、ここから先も飛び級で行きたいなと思ってる。

――大ベテランの飛び級なんですね（笑）。

鈴木　逆飛び級（笑）。引退というゴールに向かってのラストランではなく、いまのプロレス界の最前線、本流に向かっての飛び級ってものをしていきたい。だから「史上最年長」とか「史上最高齢」とかにはまったく興味がないんだよ。

――そっちの時間軸では生きていないと。

鈴木　年齢とかキャリアの長さは「そう言われてみれば」という感じだよね。それだけじゃなく、たとえば最多防衛記録とか最多戴冠回数とか、そんなことすらもどうでもいいっていう。

――新日本、全日本、ノアの王座を制覇する「グランドスラム」とか（笑）。

鈴木　ああもう、全然！　俺の中でグランドスラムは髙山（善廣）だけだと思ってるんで。

――なるほど。本当の意味で〝メジャーを制圧〟したっていうのは、たしかにそうかもしれないですね。

鈴木　いや、これは『KAMINOGE』だから言ってしまいますが、髙山以外からは見えてはいけない政治的な面が見えてしまうので（笑）。

――見えない大きな力が働いているような気がする（笑）。

鈴木　だから俺は髙山だけが成し遂げた大記録だといまだに思ってる。

――本当の意味で実力で獲ったというか、もしくは必要とされたってことですよね。

鈴木　ここ10年以上は新日本が絶対的な業界トップであって、ほかはダメだみたいなことを散々言ってたのに、急にグランドスラムとか言い出したじゃん。

――なぜか新日本、全日本、ノアが横並びになって。

鈴木　同じくらいの力を持っていたのは15年前とかでしょ。なんならその頃は全日本がいちばん上、その前の年はノアがいちばん上、新日本はいちばん下みたいな状態だったんで。

――2000年代半ばから後半はそうでしたね。で、ベルトというのは、そのときにいちばん力のある団体のベルトがいちばん価値があるわけですしね。

鈴木　いや、どこがいちばん価値があるとかはどうこうじゃなくて、俺の場合は、自分が出た試合にたくさんお客さんが来て、よろこんだり笑ったり、泣いたり怒ったりっていうのでお金をもらう仕事をしているだけなんで。どこの団体のベルトうんぬんの話をするなら、俺は第2代キング・オブ・パンクラシストなんで。それこそこの先、誰も俺の真似はできないでしょ。

――たしかにそうですね。

鈴木　やってごらんなさいよって（笑）。

――パンクラスは、ノアより7年も古い歴史がある団体ですからね。そこを含めたグランドスラムをこの先、誰が成し遂げられるのかと。

鈴木　グランドスラムっていう価値観の中に俺が存在してないので、べつにどっちでもいいですよ。仮にこの先に俺が獲ることがあっても、「俺は達成したぜ！」っていう気持ちはないね。俺、そういう勲章みたいなものを求める気持ちって、若いときのほうがあったんだよ。ベルトとかプロレス大賞とか、何連勝とか大記録みたいなものを欲していた。でもいまはそんなことより俺にとって価値のある生き方をしたいっていう気持ちだから。

――「成し遂げたぞ！」っていちばん思ったのは、パンクラスのベルトを獲ったときだったんじゃないですか？　自分が理想とするリングを作り、そこの頂点に立ったという意味で。

鈴木　そうだね。でもそれでダメになった自分もいたんで。「あれ、この先、俺は何をするの？」って。

――夢が叶ったと思った瞬間、先が見えなくなってしまったと。

鈴木　デビューしてからずっと「チャンピオンになりたい」と思ってやってきて、初めてチャンピオンベルトを巻いたのがパンクラスで「やったー！　……あれ、何をするんだっけ？」みたいな。情熱も欠けちゃったしね。そういうことがあってからプロレスに回帰してのタイトル戦線なんで。ベルトに対する考え方、捉え方がちょっと違うのかもしれない。

――「引退」の話でいえば、パンクラス王座から転落して、ケガもあって勝ち星から見放されてからは、30歳くらいでもう引退を真剣に考えたこともあったんですよね。

鈴木　うまく話を引き戻したね（笑）。まあ、若いときにそういうのを乗り越えたから思うんだけど、若いときのほうが〝死に方〟を考えていたかもしれないね。

――理想のエンディングというか。

鈴木　「俺ならこうやって終わりたい」っていう。そのままで辞めていく人間もいるだろうし、船木の最初の引退もたぶんそういうものだったでしょう。東京ドームでヒクソン・グレイシーに負けたから、潔く「ありがとう！」って言って、あらためて引退試合をやらずにそのまま辞めていくみたいな。

――自分なりの「散り際の美学」ですね。

鈴木　自分がカッコいいと思う死に方だよね。だから俺もパンクラスの最後の頃は死に方ばかり考えていた。それで最後に田村（潔司）とやろうとか（佐々木）健介とやろうとしていたんだけど、いずれも実現しなくて、俺は死ぬこともできなかった。その代わり（獣神サンダー・）ライガーとやったら、自分の「生きる道」が見えてきちゃったんだけどね。

――それがいまにつながっているわけですもんね。

鈴木　そこから時間が経って、今年で55歳になる年になって凄く感じるのは、死に方にいいも悪いもないってことだよ。よく言うじゃん。死ぬ間際に何を思い出すとか、「あぁ、いい人生だったな」と思って終わりたいとか。俺はそんな気持ちは何もないです。

――畳の上で死にたいとか。

鈴木　ない。だからいちばんは死にたくないです。そして死に方にいいも悪いもない。仲間であったり、家族であったり、その中には友達であったり、っていうのがこの歳になると目の前でなくなることを何度か経験してきてるので、そこに美学なんていうのはないんだよ。死んだら何も残らない。そう考えたら「嫌だな。死にたくねえな」って考えるのがいちばんだよ（笑）。

――死んでたまるか、辞めてたまるかという（笑）。

鈴木　そう考えると、引退できるってことは幸せなんじゃないかなとは思う。俺はどこかの団体に所属しているわけじゃないから、オファーがこなくなったらそれが自動的に引退、廃業みたいなもんだからね。でも安心して。動けなくなってからも業界にしがみつくようなことをするつもりはないから。

――ニーズがなくなっても続けるつもりはないと。

鈴木　自分の限界はわかってるんで。ここで宣言しますよ。最低１００歳までしかやりません！

――残り50年を切って、カウントダウンに入ってますか（笑）。

鈴木　最低、あと45年くらいはがんばろうかなと（笑）。おかげさまでオファーは世界中からひっきりなしにくるんで、それに応えるべくこれからも一生懸命やっていきますよ。

［東洋の白虎］

NOSAWA論外

「〝屋台村出身〟というレッテルを貼られて、何をやっても絶対に正当には評価されなかった。その宿命を背負ってここまでやってきたから、武藤さんのドームでも引退が決まったときは『ここだ！』って。差別されてきた人間の死に場所が東京ドームだったら『ざまーみろ！』って思うんだろうなって（笑）」

いまでもマスコミと一部のファンが大嫌い。
愛すべき“不良の仕事師”が
東京ドームで死す!!

収録日：2023年3月6日
撮影：橋詰大地
写真：© プロレスリング・ノア
聞き手：堀江ガンツ

KAMINOGE
ORIENTAL WHITE TIGER

PERROS
DEL MAL
products

「引退の3日前に大仁田さんからLINEが来て、何かと思ったら『4月、試合やらない?』だって」

論外　今日は引退した人間に何を聞こうというんですか?

——いや、その引退についていろいろと聞かせていただけたらなと。

論外　『KAMINOGE』は現役時代は取材に来ないのに、引退したら来るんだもんな~。必要ないレスラーだったってことじゃないですか。やっぱ引退してよかったよ(笑)。

——いやいや、タイミングの問題です(笑)。2・21東京ドームから約2週間が経ちましたけど、引退した実感は湧いてきてますか?

論外　実感も何も、大仁田(厚)さんと電流爆破をやったじゃないですか(全日本プロレス2・4エスフォルタアリーナ八王子、NOSAWA論外&ケンドー・カシンvs大仁田厚&ヨシタツ)。あの時点でボクの中では身体がめっちゃしんどくてドームまでもつかなと……。

——もしかしたら引退試合は、大仁田さんとのアジアタッグ戦だったかもしれないと。

論外　それ以前に、会見でも言ったとおり(昨年の10・16福岡で「来年の東京ドームで辞める」って言った時点で、自分の中ではもう終わっていたんだよ。だからいまさら実感も何もないし。いろんな人から連絡も来るんですけど、「べつに」みたいな感じなんですよ(笑)。

——「もう、とっくに引退してますけど」みたいな(笑)。

論外　だから思い残すことはほぼほぼないし、思いのほか清々しいというか。試合をしなくていいっていうことで、すげえ気がラクですね(笑)。

——逆に言うと、昨年10月の福岡で引退宣言したあとは、自分の中ではすでに引退しているのに、引退ロードの試合をしなきゃいけないのが大変だったというくらいですか?

論外　本当にそうですよ。ケガで歩くのもつらいのに試合なんかもうできねえよって。だから引退まで残り数試合やるとしても、自分が納得した対戦相手、対戦カードじゃないともうやりたくないと思って、福岡で「辞める」って引退発言したんですよ。そうじゃないと適当な試合になっちゃうんで。

——NOSAWAさんはリング上では普通に振る舞っていますけど、バックステージで会うと控室からトイレまで歩くのもしんどそうでしたもんね。

論外　あれがいまの自分の姿ですよ(笑)。わざとらしく「ケガしてます」みたいな感じでリングに上がるレスラーがいるけど、ああいうの嫌なんです。リングに上がるかぎりは万全なフリぐらいしないとお客さんに失礼じゃないですか。たとえば喫茶店でケーキを注文して、崩れているケーキが出てきたら、たとえ味は同じでも嫌じゃないですか。それと同じですよ。

――欠陥商品を提供するわけにはいかないと。

論外　実際はもうポンコツなんですけど、出るからには演じなきゃっていうのがあるんで。最後のほうの試合も力を入れて闘っていたから、それだけにしんどくてやりたくなかったんです（笑）。

――そういうバックステージの姿を見ていないファンの人たちは「本当に引退するのかよ？」って、いまでも思っている人がいるでしょうね。

論外　逆にそれを商売にしたほうがいいじゃないですか。ボクみたいなのは「いずれ復帰するよ」と思われているぐらいのほうがいいですよ。おもしろいのが、引退の3日前に大仁田さんからLINEが来て、何かと思ったら「4月、試合やらない？」だって。「いや、俺もう3日後に引退するんですけど」って（笑）。

――さすが引退と復帰を7度も繰り返した男。で、やるんですか？（笑）。

論外　やらないですよ（笑）。もうスイッチが入らない。

――ターザン山本さんはツイッターで「大仁田厚戦限定でNOSAWA論外の復帰を許す」ってつぶやいていましたよ（笑）。

論外　いや、もうヤダよ。本当に死んじゃう。

――そもそも、なんであの人に「許す、許さない」を言う権利があるんだっていう（笑）。

論外　本当ですよ（笑）。俺、あの人の世代じゃないですからね。あの人が週プロの編集長を辞めてからプロレス界に入ってるんで。

「俺が天才的に段取りがいいからドームで引退できることになったんですよ。段取りさえできれば、みんな大きいところでできる」

――特に関係が深いわけでもなんでもないと（笑）。

論外　たまに大仁田さんの試合とかに来ていて声はかけられていたんですけど、「ああ、はい」みたいな（笑）。どうなんだろ、復帰したほうがいいですかね？

――あっさり復帰したら、それはそれでおもしろいですけど（笑）。

論外　自分はもういいかなって。お腹いっぱいですよね。プロレス界で選手としてはもうやれることがないですよ。石森（太二）くんが俺のことを「メキシコでは凄かった」とか言ってくれるのはありがたいんですけど、いくら昔凄くても、いま凄くなかったらプロの世界においてはダメだと思うんですよ。だから自分の昔のことを話されると、「ああ、歳とっ

BALZAC
BALZAC

Cygames

たな」と思って辞める引き金がどんどん引かれていきましたね。ただ、やっぱり石森くんには感謝しています。本当にみんなが知らないぐらいの仲だから。動けない人間と試合するのなんて嫌だったと思うんですよ。でも出てくれたことで最後の最後でもしかしたら作品が残せたんじゃないかなって。ああいう引き際があってもいいんじゃないかと。

──引退試合で3カウントが入って、観客から「えーっ!?」っていう声が出たのって、おそらく史上初ですよ（笑）。

論外　してやったりですよ。だから前日の会見だけで（試合に）出るのをやめようかなとけっこう本気で考えていたんですよ。もう身体がキツくて。引退試合をボイコットって、それもなかなか新しいじゃないですか。

──新しすぎますね（笑）。引退試合をボイコットするけど、引退はするっていう。

論外　だけど外道さんと石森くんを呼んでおいて、まわりがいろんなお膳立てをしてくれたんで、水を差しちゃいけないと思って試合はやりましたけど。

──そもそも、どういう経緯で武藤さんと一緒にドームで引退することになったんですか？

論外　もともと武藤さんより先に引退しようと思っていたんですよ。本当にキツくなったら、ある日突然しれっと「今日で辞めます」って言おうと。

──引退試合と発表せずに「さっきの試合が引退試合でした」みたいな感じで。

論外　ただ、そうこうしているうちに武藤さんが引退するって決まって。昨年のサイバーファイトフェス（2022年6月12日、さいたまスーパーアリーナ）で武藤さんが引退を発表した何日か後に、武藤さんに「じゃあ、俺も一緒に引退しますよ」って言ったら、本当に真顔で「嫌だよ」って言われて（笑）。「えっ、なんでダメなんですか？」って聞いたら「いや、ずらせよ」と。「それって『まだ、もうちょいがんばれよ』とかじゃなくて、一緒が嫌でずらせよってことですか？」って聞いたら「わかんねえ」とか言い出して。

──とにかく「便乗してくんな」と（笑）。

論外　それで当初は、武藤さんの引退試合も東京ドームでやるっていうのは決まっていなかったんですよ。会社（ノア）としては大きな会場でやろうといろいろと動いていたんですけど、逆に武藤さん自身は「ドームは無理だろ」みたいなことを言っていて（笑）。

──引退発表した頃はまだ観客数制限なんかもあったので、リスキーだと思ったんでしょうね。

論外　それが夏ぐらいにドームでやることが内定して、8月末に武藤さんとメシを食いに行って飲んでいたとき、武藤さんも機嫌がよかったんでしょうね。「おまえ、いつ引退するんだよ?」って言い出して「いや、武藤さんがとっとと引退してくれないから、俺、引退できないんですよ」って言ったら、「じゃあ、一緒に引退する?」って急に(笑)。

——「ずらせよ」って言っていた人が急に乗ってきた(笑)。

論外 で、その場に会社の人もいたんで、すぐに会社に電話して。「あっ、ドームで俺も武藤さんと一緒に引退します。これはもう決定ですから」ってまったく論議させずに報告して。

——「もう武藤さんと決めてきたんで」と(笑)。

論外 そう。「ダブル引退になったんで」って言って(笑)。だから俺が天才的に段取りがいいからドームで引退できることになったんですよ。「引退試合は段取りが重要だ」っていうことを今後引退する選手には言いたいですね(笑)。段取りさえできていれば、大きいところでみんなできるんじゃないですか。

——そういうもんですか。でもインディーの〝小屋〟からスタートして、東京ドームで引退するんだから凄いですよね。デビューは高野拳磁さんがやっていたPWCの北沢タウンホールでしたっけ?

論外 いや、調布グリーンホールの小ホールですよ(笑)。

——もっと小さい(笑)。

論外 一応、正式デビューはそこっていうことになっているんですけど、その前に屋台村でエキシビションマッチみたいなのはやっていたんですよ。正直、ボクはいまもマスコミや一部のファンが大嫌いなんですけど、それは「屋台村出身」っていう変なレッテルを貼られて、ずっと認められなかったからなんですよ。

『マスコミが引退に追い込んだ』って書いておいてください。あの徹底した無視は誹謗中傷よりもキツかった」

——なぜかファンやマスコミが「プロレスラーとは認めない」みたいな。

論外 そうそう。マスコミなんかは口もきいてくれなくて。いまだに嫌ですよね。しかも1995年デビューなので、ちょうど長州さんがインディー批判した年でもあるんですよ。だから余計に風当たりが強くて、マスコミも「こういうのは相手にしちゃいけない」とか、そういう風潮だったので。

——たしかにそういう風潮はありました。

論外 このことは長州さん本人には言えなかったんですけど、そういうのがあったから、逆に反骨精神でプロレスやってこれたのかなって。ボクはメジャーで生まれなかった影をずっと背負っていたんですよね。

——しかもインディーと言っても、FMW、W☆INGみたいな後楽園でできる団体は認められていましたけど、いわゆるどインディーは全然扱いが下でしたもんね。

論外　そうそう。だから本当に嫌でしたね。

——DDTも旗揚げ当初は、プロレスマスコミにほぼ黙殺されていたんですよね。

論外　本当に最悪でしたよ。

——PWCはまだ高野さんがいましたし、FMWは大仁田さんやターザン後藤さん、W☆INGならミスター・ポーゴさんとか、インディーと言ってもかならず昭和のメジャー出身者がひとりはいましたけど、DDTはそういう人が誰もいなかったから「ここは団体として認めちゃいけない」みたいな風潮だったんですよね。

論外　その当時、たいして変わらないようなほかのインディーからも差別されてましたからね。だから「インディーの祭典」みたいなものにもDDTは呼ばれず、どこに行ってもカタかったですよ。「DDTなんか」って感じで、本当に相手にされてなかったですね。

——そもそもDDTって、NOSAWAさんきっかけで始まったんですよね？

論外　まあ、そんな感じですね。PWCでボクは俊二さん（＝高野拳磁）の付き人をやっていたんですよ。それで俊二さんが（高木）三四郎さんと揉めたというかゴタゴタがあって、急に俊二さんが「俺、やーめた！」って（笑）。

——揉めた原因は、PWCが後楽園のルナパークでひと夏やった「ビアガーデンプロレス」の売り上げ金を、高野さんが使い込んじゃったんでしたっけ？（笑）。

論外　いや、そのへんの真偽はわからないんですけど、とにかく俊二さんの「俺、やーめた！」でPWCがなくなっちゃったんです。それで「これからどうする？」ってなって。

——「世の中どうするだらけだ」と。

論外　それで三四郎さんに「団体やんない？」って言って始めたのがDDTだったんですけど、最初は本当にまったく認められなかったですね。屋台村出身者っていうことで、何をやっても絶対に正当には評価されなかった。その宿命を背負ってここまでやってきたんです。だから武藤さんがドームで引退するって決まったときは、俺も「ここだ！」って思いましたよ。屋台村出身で差別されてきた人間の死に場所が東京ドームだったら、「ざまーみろ！」って思うんだろうなって（笑）。

——そういう復讐の意味もあったんですね（笑）。

論外　復讐とまでは言わないですけど、最後に「これでもダメなの？」っていうことですよね。まあ、引退試合後のコメントが終わったあと、マスコミの方々が拍手をしてくれたんで、やっとその影がなくなりましたけどね。もっと早くに報われたかったな。「マスコミが引退に追い込んだ」って書いておいてください。「あの徹底した無視は誹謗中傷よりもキツかった」と。

――デビュー当時からそういう扱いだったからこそ、メキシコに活路を求めたという部分もあったんですか？

論外　とにかくDDTが相手にされていなかったんで、「ここでやっていても絶対に上には行けないな」っていうのがあって。でもまあ、半分は逃げたのかもしれないですけど。自分から三四郎さんに「団体やりましょう」って言っておいてね（笑）。

――よく考えたら、NOSAWAさんに「屋台村出身」のレッテルが付いてまわったのと同じように、もしかしたら外道さんなんかもTPG（たけしプロレス軍団）出身のレッテルに初期は苦しんだのかもしれないですね。

論外　ああ、たしかに。いまはもうボクも自分から「屋台村出身」と言わなければ言われなくなりましたけど、外道さんたちも最初は言われていたんでしょうね。

――実際、90年代初頭のユニバーサル・レスリング連盟の頃も会場のルチャファンたちから「パニクラ（パニッシュ&クラッシュ＝のちの邪道外道）は認めない」みたいな空気がありましたからね。

論外　そういった境遇でも外道さんとつながるものがあったのかもしれないですね。プロレスを27年やってきて、試合で外道さんとはあまり触れられなかったんですけど、逆にそれぐらいがちょうどよかったのかもしれない。ただ、15年くらい前のバリバリのときに外道さんとやってみたかったな、というくらいで。

――それが現役時代の数少ない心残りだと。

論外　ああいう、本当にうまい人とやると楽しいんですよ。だからノアでは、小川（良成）先輩とは1年半くらい毎日〝遊んだ〟って言えばちょっと語弊があるけど、試合をやらせてもらって、もう楽しくてしょうがなかったですね。だから「プロレスって楽しいな」って思ったのがこの1年半くらいかもしれない。ああいう古きよき時代のプロレスを体感させてもらって。だから小川先輩と毎日やって満足しちゃってたのかもしれないですね。あとは業界を見渡しても、もういないじゃないですか。

「若い頃は本当にひどかった。もう言えない、書けないことばっかりやってきたんで。留置所は3カ国で入っていますから」

――クラシカルな技術をしっかり身につけた人って、国内外問わずもう少なくなっているんでしょうね。もともと外道さんとはメキシコ時代に知り合ったんですか？

FINAL DE LUCHA
ATOM -AGE VAMPIRE IN 3OB
BALZAC

PERROS
DEL MAL
rsc
products
rsc
products

論外　いや、会ってないです。だからいちばん闘えそうで闘えなかった選手ですね。ただ、ボクらがNOSAWA&MAZADAでメキシコに行った何年か前に、邪道さんと外道さんが大暴れしていたっていう話をメキシカンからよく聞いたんですよ。それでずっと意識はしていたんです。

――自分たちより先に、メキシコでルードとして成り上がった日本人コンビということで。

論外　それから時代が変わって、石森とか（エル・）デスペラードとかが「NOSAWA、MAZADAはヤバかった」みたいな噂をメキシコで聞いていた世代で。それでもっとさかのぼったら、栗栖（正伸）さんが相当ひどかったみたいなんですけど（笑）。

――ルードのマサノブ・クリスとして。

論外　いや、メキシコの日々の生活を含めて（笑）。向こうの昔の選手に聞くと「アレはホントにひどかった」って。

――栗栖さんはそんな伝説を残していたんですね（笑）。

論外　だから日本人ルードがリング内外で暴れるルーツは、そのへんにあったんでしょうね。で、ボクらは少し上の世代の邪道、外道にあこがれもあったんで、最後に東京ドームでやれてよかったなって。

――インディー出身でメジャーから相手にされなかったのが、海外を経て成り上がった先駆者ですもんね。

論外　W☆INGと闘龍門と無我とPWCの人間が東京ドームでやっているんですよ（笑）。

――じつはインディー出身者が集まった引退試合だったと（笑）。

論外　だって東京ドームで引退試合をやったのって、猪木さん、1度目の長州さん、ライガーさんに武藤さん。あといます？

――髙田（延彦）さんがPRIDEの東京ドームで引退試合をやっていますね。

論外　それぐらいですよね。佐野（巧真）さんは、ライガーさんの引退試合に出たのが現役最後の試合だけど、引退試合とは銘打っていなかったので。それを考えたら、たぶん2・21東京ドームでいちばん得をしたのは、なんだかんだで俺なんですよ。言っても「東京ドームで引退試合をした男」なんで（笑）。

――屋台村で始まり、東京ドームで終わる。美しいですね（笑）。

論外　本当にありえないですよ。でも27年間がなんか短かったなっていう感じもしますけどね。やっているときは長く感じたんですけど、思えば早かったなと。

――NOSAWAさんがのし上がるきっかけとなったメキシコ時代は、最初はしんどかったと思いますけど、充実していましたか？

論外　いちばん楽しかったですよ。本当に俺らはひどかったから。普通じゃないことを普通にしてきたのが、当時の俺たち。メキシコから日本に帰ってきて全日本とかに出始めてからは、それでも問題児でしたけど、いちおう「ルールは守ろう」みたいな時期があって。それでたぶん選手としてはもう終わっていたんでしょうね（笑）。

――めちゃくちゃやっていた時代が、プロレスラーNOSAWA本来の姿って感じで（笑）。

論外　本当にひどかったです。もう言えない、書けないことばっかりやってきたんで。留置所は3カ国で入っていますからね。

――それもなかなか得難いキャリアですね（笑）。

論外　若い頃は本当に怖いもんがなかったんですよね。

――メキシコでは、邪道・外道のおふたりも住んでいた有名な日本人宿、ペンションアミーゴに住んでいたんですか？

論外　ちょこっと住んでましたね。ただ途中からボクとMAZADAはアレナ・メヒコの横のマンションに家族と住んでたんで。いい思いもしたし、悪い思いもいっぱいしてきたんで。でもまあ、よかったんじゃないかなって。両方を知れるっていうのは。

「石森とは飲みにもよく行って、クリスマスイブをふたりで過ごしたりとかして。『さびしいな、俺たち』って言って（笑）」

――そういえば、CIMAさんもツイッターでNOSAWAさん引退についてのメッセージをつぶやいていましたよ。

論外　あっ、本当ですか？　全然見てなかった（笑）。

――CIMAさんなんかはそれこそ、若かりし頃、同じ時期にメキシコで過ごした仲ですよね？

論外　いましたよ。ちょうど闘龍門1期生がいた時期なんで。だからあの頃、校長（ウルティモ・ドラゴン）から、CIMAたちに「NOSAWA、MAZADA、ツバサ、ああいうのとはつるんだらダメだからな」っていうお達しが出ていたんですよ（笑）。

――〝不良〟とは付き合うなと（笑）。

論外　そういうことなんですよ。闘龍門はお金を払って入る学校だったから、親御さんたちからお金をもらって子どもを預かっている校長からしたら、何かに巻き込まれたりしたら大問題になるんで「つるむな」っていう。それでもマグナム（TOKYO）やCIMAとは、頻繁じゃないですけど月イチとか2カ月に1回くらいは遊んだりしていたんですよ。

――文字通り校長先生の目を盗んで（笑）。

論外　「今日、校長いないんで」「じゃあ、メシ行きます?」みたいな（笑）。だからメキシコではＣＩＭＡをはじめ、いろんな日本人レスラーと出会いましたね。ハヤブサさんやカズ（・ハヤシ）さんと初めて会ったのもメキシコだし、（ケンドー・）カシンもそうだし。

——あっ、カシンさんもメキシコにいましたね。

論外　（西村）修ちゃんと最初に会ったのもメキシコかもしれないですね。あとは誰だろ……そのぐらいかな。

——石森選手はずいぶんあとの世代ですよね。

論外　闘龍門の何期生なのかわからないですけど、石森がメキシコにいたのは4～5年後かな。アイツがＹｏｕＴｕｂｅかなんかで俺のことを「メンター（助言者）だ」って言ってましたけど、逆に俺もアイツに助けられていたんですよ。石森と出会ったときにはもうボクらもけっこう売れていて。

——毎週アレナ・メヒコに出ているみたいな。

論外　はい。それで全日本にも出ていて、ＴＮＡとかにも出て、アメリカのインディーを総ナメしていたんですけど、孤独は孤独だったんですよ。その頃、ＭＡＺＡＤＡさんとべつに仲が悪いとかじゃないけど、メキシコで会うだけみたいになっていたんで。

——漫才コンビと一緒ですよね。売れてからは仕事の現場は一緒で、プライベートは別みたいな。

論外　その頃、石森と仲良くなったんですよ。俺はひとりでメシを食うのが嫌なタイプなんで、タクシー代を俺が払って石森を毎週日本食料理屋に連れて行ったり、「校長がいないんだったらウチに泊まるか?」って泊まらせてたりとか、ずっと一緒にいたんですよ。それでＭＡＺＡＤＡがメキシコシティにいないときに地方でタッグの試合が入ったときなんかは「石森、ちょっと今日コスチューム持ってきて」って言って呼んで。一緒にバスに乗って会場まで行って「おまえ、今日はＭＡＺＡＤＡって名前でやれ」って言って、いきなりＣＭＬＬのトップどころと試合をさせたりして（笑）。

——ＭＡＺＡＤＡさんの影武者に石森さんを使っていたんですか（笑）。

論外　そんな感じでやっていたんで、アイツとも付き合いが長いんですよ。

——じゃあ、石森選手にとってＮＯＳＡＷＡさんは、メキシコ時代の兄貴分だったんですね。

論外　逆に俺もよく遊んでもらいましたよ。

——石森選手は当時、ナウカルパンの闘龍門道場に住んでいたんですか?

論外　そうです。あそこはメキシコシティからちょっと離れているから、タクシーを使うと2000～3000円かかるんですよ。向こうだとけっこうな額ですけど、「大丈夫。俺、カネはあるから」って毎日のように電話して呼んで（笑）。

——彼にとっても青春でしょうね。

論外　石森もあんな性格だから闘龍門でも浮いていたんで、ちょうどよかったんじゃないですか。ウチでよく映画鑑賞会とかやってたな。飲みにもよく行って、クリスマスイブをふたりで過ごしたりとかして。「さびしいな、俺たち」って言って（笑）。

——異国で慰め合って（笑）。

論外　あとはメキシコシティ中心街のソナ・ロッサに「ちょっとナンパしに行こう！」って言ってふたりで歩いていたら、日本でいう新宿二丁目みたいなストリートに出ちゃって、俺らふたり日本人カップルだと思われて「やべえな、これ。抜けよう！」「ヤバい！　ヤバい！」って（笑）。けっこう遊んでたっスね。

「海外で生まれた東京愚連隊が、ノアの東京ドームで新日本のメジャーユニットとやれたっていうのは神がかっている」

——中南米は治安が悪いってよく言われますけど、危険な目に遭ったことはないですか？

論外　けっこうありましたよ。MAZADAは強盗に遭ってるし。俺はプエルトリコでピストルを持った強盗を目撃しているし。

——それ、ヤバいじゃないですか。

論外　ミステル・アギラとかとプエルトリコに試合で行って、ホテルに入ったらいきなり「キャー！」っていう悲鳴が聞こえてきて、「ネズミでも出たんじゃねえか？」って思って部屋を出てロビーを見たら、本物か偽物かわからないですけど、女性従業員にピストルを突きつけて「カネを出せ！」って言ってて。それで俺は気づかれないようにすーっと部屋に戻って声をひそめて。数分後におまわりさんが来たんだけど、もう犯人は逃げたあとで。こんなところにいたくないから、ビクター（・キニョネス）に「ホテルを代えてくれ！」って言ったら「いや、1回来たからもうそのホテルに2回は来ないぞ」って謎の説得力があることを言われ、「あっ、たしかに」って納得したっていう（笑）。

——やっぱりプエルトリコは凄いですね。ボクはメキシコシティでタクシーに乗って、運転手に「カネを出せ」って法外な料金を請求されたことがありますけど。

論外　いつメキシコに行ったんですか？

——浅井（嘉浩＝ウルティモ・ドラゴン）さんがアレナ・メヒコで自主興行をやったときに2回行ってるんですよ。初代タイガーマスクが行った2005年と、グレート・ムタが参戦した2006年に。

rsc
products

論外　あっ、いたんですか？

――いましたよ。ＮＯＳＡＷＡさんともしゃべってますよ。

論外　マジっスか？（笑）。じゃあ、ピラミッドとかに一緒に行きました？

――それは行ってないですね。１回目は佐山さんとずっと一緒にいて、２回目はＯＫＵＭＵＲＡさんに捕まっていて。

論外　あっ、奥村派？

――まさにそういうふうにＮＯＳＡＷＡさんに言われたんですよ。ＯＫＵＭＵＲＡさんに食事に誘われてインタビューしたあと、みんなが飲んでいるところに戻ってきたら「あっ、奥村派が来た！」って言われて、「いや、違いますから」って（笑）。

論外　今日の取材は無しにしてください。奥ちゃん派に話すことは何もないんで（笑）。

――全然違いますから！（笑）。

論外　俺がさんざん助けてやったのに、奥村茂雄は性格悪いヤツですよ。俺はもう辞めた人間だから、いまさらプロレス界に敵を作ってもしょうがないから言いませんけど。奥ちゃん派だったとはショックだな～（笑）。

――だから違いますって！（笑）。

論外　だから現役時代は取材に来ないで、引退したあとに来たんだな。もしくは『ＫＡＭＩＮＯＧＥ』編集長の井上くんと、長州さんのマネージャーの谷口さんの陰謀だろうな。これは最後のほうに書いておいてください。「俺はショックだ」と。「形変えるぞ！」って。それだけ載っけておいてくれたら、あとはなんでもいいです（笑）。

――どんな引退インタビューですか（笑）。

論外　でもまあ、海外で生まれた東京愚連隊が、ノアの東京ドームで新日本のメジャーユニットであるバレットクラブとやれたっていうのは、ある意味では神がかっていると思うんですよね。まあ、それが最後っていう実感もあまりないんだけど。たぶん武藤さんも実感がないんじゃないかな？

――先週、武藤さんに取材したんですけど、「練習はそのまま続けているから、試合がねえだけなんだよ」って。

論外　ボクの場合、その練習を10何年もやっていないじゃないですか。だからボクも試合がなくなっただけなんですよ（笑）。

「今後のノアで武藤さんが何をやってくれるかわからないですけど、俺はなんかしらの力になれたらいいなと思います」

――試合があってもなくても、練習はしていないから変わらない（笑）。

論外　いまは治療に通っていますけど、もうちょっと身体がラクになったらジムにも通おうかなとは思っています。健康のために（笑）。変わったのはそれくらいで、本当に試合がなくなっただけで一緒なんですよね。だから本当は気がラクになったわけでもないんですよ。いろいろやらなきゃいけないことがあって。

――試合という表に見える仕事は引退しても、裏方としての仕事は変わらずに続いているわけですもんね。

論外　変わらずですね。もっとラクになるのかなと思ったら、日中動けるので仕事が増えているんですよ（笑）。

――試合がなくなったぶん、ますますそっちをがんばらなきゃいけないですよね。

論外　そうですね。ボクはノアっていう団体に愛着は正直ないんですけど。最後の数年いただけであったらウソくさいじゃないですか（笑）。ただ、感謝はしているんです。だから何かしらの形でサイバーファイトとノアの力になれればなっていう感じですね。

――サイバーファイトという会社も、ノアという団体も、武藤さんが引退して、これからが正念場ですもんね。

論外　会社をよくすることが、プロレス界をよくすることにつながると思うんですよ。ボクは幸運なことに引退試合をやって辞めることができましたけど、プロレスが好きでどうしても辞められないっていう選手もいれば、負傷を抱えながらも生活のために辞められない選手もいるだろうし。引退後もレスラーが何かしらの形で業界に関わっていけるシステム構築が必要だと思うんですよ。アメリカなんかは辞めた選手の多くがエージェントになっているじゃないですか。でも日本にはそういう文化がないんで。

――コーチとして団体に残れる人なんて、ほとんどいませんもんね。

論外　ボクはWWEには足を突っ込んだことがないですけど、メキシコだとCMLL、AAA、アメリカだとTNAとかそのへんを見てきてるんで、そういうシステムを変えたいなっていうのがありますよね。引退後にコーチになれる制度とか、ちゃんと明確なものを作っていくっていう。

――引退したレスラーが、現役中に培った知識や経験を次の世代のために活かすっていうのは大事ですもんね。

論外　ただ、日本と海外ではやっぱり文化が違いすぎるんで、そこをどう日本向けに変えていくか。本当は武藤さんが動いてくれたらいちばんいいんですけど、まずやらないんで。もう大変ですよ。

――武藤さん、他人にはあまり興味がなさそうですもんね（笑）。

論外　俺は武藤さんと飲むと、よく言い合いになりますからね（笑）。武藤さんが「そんなのもわかんねえのかよ！」って言うから「それは武藤さんの感覚であって、俺たちには通用しないんです」って。

――生きてきた世界が違っていると（笑）。

論外　そうそう。20年くらい前から俺は言ってますよ。「武藤さんはスーパースターだけど、俺らはジョバーだから。海外とかで出ているショーは一緒かもしれないけど、感性とかはズレてくるよ」って。こういうことをボクは平気で言うんで。「同じ大会でも、武藤さんが見ている景色と俺たちが見ている景色は違うよ」って。

――デビューから引退までずっとメジャーだった人と、屋台村から這い上がった人とでは全然感覚が違うでしょうね。

論外　同じ島にいても武藤さんは丘の上から「景色が綺麗だな」って見ているかもしれないけど、俺らは下のほうで「意外とゴミだらけなんだな」みたいな。そういう違いはありますから。

――今後のノアは、そういうまったく違う視点のふたりが側面から支えるようになるのはいいことですね。

論外　まあ、武藤さんが何をやってくれるかわからないですけど、俺はなんかしらの力になれたらいいなと思いますよ。あとは今度、自伝を出そうと思っているんで、それを読んでください。あんまり『KAMINOGE』でしゃべって自伝が売れなくなったら困るんで。それか、俺の連載やりませんか？

――それもいいですね。

論外　でも井上くんと谷口さんの陰謀で阻まれるな。「形変えるぞ！」って言っといてください（笑）。

NOSAWA論外（のさわろんがい）
1976年12月17日生まれ、千葉県市川市出身。本名・野澤一茂。元プロレスラー。
1995年12月27日、PWCでの将軍KYワカマツ戦で正式デビュー。のちにPWCを離脱しDDTプロレスリングの旗揚げメンバーとして参加。その後メキシコやアメリカマットを放浪してMAZADA、TAKEMURA（竹村豪氏）と「東京愚連隊」を結成。メキシコ仕込みの幻惑的でずる賢い闘いぶりには定評があり、全日本プロレスや新日本プロレスにも参戦を果たす。2020年にリデットエンターテインメントの執行役員に就任してリデットが立ち上げたGLEATに協力したのち、サイバーファイト所属としてプロレスリング・ノアを主戦場とする。2022年10月16日、肉体のダメージによる現役引退を発表。そして2023年2月21日、東京ドーム『KEIJI MUTO GRAND FINAL PRO-WRESTLING "LAST" LOVE～HOLD OUT～』にて東京愚連隊のMAZADAと組み、外道、石森太二組と対戦。4分43秒で石森のブラディークロスに沈み、現役を引退した。

rsc
products

プロレスがわかれば世の中が、
そして世界が見えてくる。

斎藤文彦×プチ鹿島

活字と映像の隙間から考察する

プロレス社会学のススメ

司会・構成：堀江ガンツ　写真：©プロレスリング・ノア　山内猛

第38回

坂口征二の偉大なる功績

そうだったのか、坂口征二！
坂口征二がわかれば、日本プロレス界の系譜が見えてくる！
またしても武藤敬司引退の話題から始まり、話は武藤を語る上で欠かせない人物である、現・新日本プロレス相談役である坂口征二氏の存在へ。
「武藤引退を機に、その偉大なる功績が再評価されるべき」と斎藤氏は提唱する。

「昼過ぎには水道橋駅あたりは凄い人出だった。2・21東京ドームは本当に素晴らしい大会だったと思います」（斎藤）

――この対談はこのところ武藤敬司の引退ばかり語っている気がしますが（笑）。

斎藤　3号ぐらい連続で（笑）。もう語りすぎじゃないかなと思うくらい。

鹿島　でも試合前にこれだけ盛り上がれるっていうのはひさしぶりだったんで、凄くよかったと思いますよ。

――というわけで武藤引退シリーズ完結編として、今回のオープニングもその話題でスタートしましょう。

鹿島　2・21東京ドームがおこなわれるまでは、1カ月前に武藤さんが両太もも肉離れを起こして「まともに試合ができるのか？」って思われたり、果たしてどれだけお客さんが集まるのかとか、いろいろ注目すべき点がありましたけど、結果的に大成功でしたね。

斎藤　本当に素晴らしい大会だったと思います。そもそも2・21東京ドームという日程は、前々から押さえてあったわけじゃなかったでしょ。2月の火曜、平日の開催でイベントとしては条件は悪かった。

――ど平日にもかかわらず、オープニングマッチは16時開始ですからね。都心に勤めている人でも、定時まで仕事していたら絶対に間に合わないという。

斎藤　ボクもどれくらいの人が来るのか気になって、昼過ぎ12時半頃にはドーム界隈に行ったんですね。そうしたらすでに水道橋駅あたりは凄い人出だった。「えっ、こんなにいるの!?」って思うくらい。

――ボクは武藤敬司vs髙田延彦がおこなわれた1995年の10・9東京ドームを思い出しました。あの日も平日だったんですよ。

鹿島　たしか月曜日でしたね。だからテレ朝の月～金深夜の帯番組だった『トゥナイト2』で速報してね。

――あの日も昼間からファンがドーム周辺に集結していたんですよ。その中のひとりが大学時代のボクで、ドームの前で『トゥナイト2』の乱一世にインタビューされましたからね（笑）。

鹿島　あっ、いいですねー（笑）。

――「キミはどっちが勝つと思う?」って聞かれて「髙田延彦に負ける要素はありません!」って答えたという（笑）。

斎藤　UWF信者らしい答えを絶叫してたんだ。

鹿島　『トゥナイト2』はたまにいい仕事をするんですよ。1998年の5・1に全日本が初めて東京ドームでやったとき、その裏では戸田市スポーツセンターで大日本プロレスがデスマッチをやっていたじゃないですか。

――ありましたね～。全日本の「TOKYO DOME」ロゴをパクった「TODA E DOMO（戸田へドーモ）」Tシャツが作られた伝説の裏ドームですね（笑）。

鹿島　ボクはそれをハチミツ二郎と観に行ったんですよ。当時ボクは芸人になったばかりですけど、「ここは戸田だろ!」って（笑）。

――戸田に集結した好事家のひとりだったんですね。

鹿島　そうしたらやっぱり『トゥナイト2』が取材に来ていて、「なんで戸田に来たんですか?」ってインタビューされました（笑）。

――まさかここにいる3人の内ふたりが『トゥナイト2』に素人としてインタビューを受けているとは（笑）。

鹿島　ああいう番組がいまはないのが残念ですね。

斎藤　夜11時過ぎに、観るでもなく、観ないでもなく、なんとなく、とりあえずテレビをつけておくっていう時間帯の番組ですね。

鹿島　高市早苗さんに推してほしいですよね。「なんで『トゥナイト2』みたいな番組がいまはないんだ!」って国会で怒ってほしいですよ（笑）。

――妙に嗅覚が鋭い野次馬番組（笑）。

鹿島　それで今回、ボクは火曜日っていうと毎週山梨放送のラジオを13時から16時半までやって、17時の「特急あずさ」に乗って新宿に帰ってきていたんですけど、それだと東京ドームに着くのは19時過ぎちゃうんですよ。それで山梨放送に相談してみたら「武藤さんは山梨出身だから」っていう理由で、その日だけは東京支社から中継させてもらって間に合ったんですよ（笑）。

斎藤　それは素晴らしい！

鹿島　当日、大会の進行がサクサクしてませんでした？

――あんなに進行がスムーズなドーム大会は記憶にないですね。

鹿島　煽りVもメインくらいで、アナウンスも極力控えめで。あれはどうしても興行時間が長引きがちないままでのビッグマッチから学んだのかなって。ボクも最初は「山梨から向かったとしても3試合くらいは観られるかな？」と思っていたんですけど、やっぱり東京支社から行ってよかったですよ。

「辻さんの実況が波紋を呼びましたけど、ファンからいろいろ言われるっていうのも懐かしい90年代の雰囲気でした（笑）」（鹿島）

斎藤　2・21ドームは3つのセグメントに分かれていましたね。16時から「スターティングバトル」3試合が始まって、17時から「プライマリーステージ」4試合、ここまではダーク・マッチというか、ネット上で無料配信で、休憩を挟んで18時半から「マスターステージ」4試合というブロックになっていた。だから武藤敬司引退試合を含めた「最後の4試合に間に合えばいいや」っていう人もけっこういたと思います。

――この区分けはＰＰＶ放送にも関わっているんですよね。途中まで無料で観せて、後半はＰＰＶに移行するという。これは海外のＵＦＣとかでも同じで、最初のアーリープレリムとプレリムは無料で観せて、メインカード5試合は有料のＰＰＶという。

鹿島　途中まで観たらＰＰＶを買って続きが観たくなっちゃうという、うまいですよね。

斎藤　ＷＷＥの『レッスルマニア』も同じですね。ダークマッチは無料で観せて「この続きはＰＰＶを買わなきゃ！」って思わせる手法。

鹿島　この座談会で何回も話していますけど、この2〜3年でビッグマッチの収益を得る方法が完全に変わりましたよね。

斎藤　かつて90年代のドーム興行では、5万人だ6万人だという主催者発表の観客数を競っていましたが、いまはライブの観客動員数ではなくて有料サブスクライバーの数のほうが重要になっている。今回のＰＰＶも約６０００円の視聴料で10万件超の売り上げがあったら、ドーム興行3回分くらいの収益になるっていうビジネスモデルですね。

――日本全国の人が自宅のテレビやスマホで観るためにＰＰＶを買ってくれるから、火曜日開催でもよかったんでしょうね。

鹿島　実際の観客動員数も、ここ何年かでいちばんじゃないですか？

斎藤　3万人強という発表はほぼ実数だろうし、「こんなに入った東京ドームって最近ないな」っていうくらいびっしり入っていましたね。

鹿島　トイレの行列が凄くてびっくりしま

したよ。

斎藤　男子トイレね（笑）。それからバックステージや通路、スタンドでひさしぶりに会う、ばったり会う知り合いが本当に多かった。

――スタンドの記者席は、90年代のマスコミや関係者だらけでしたよ（笑）。

斎藤　一般層のお客さんで「武藤敬司の引退試合は生で観なければ」という思いの人たちがたくさん集まっていましたね。

――それであれだけの観客動員数になったわけですよね。また、そういうオールドファンの期待に見事に応えてくれたじゃないですか。最後の最後、サプライズで蝶野（正洋）さんをリングに呼び込んで。

鹿島　蝶野さんについては、前回フミさんが「大仁田戦でハマーに乗って登場したように、特別な入場をするんじゃないか」という話をされていましたけど、あれは見事でしたね。

斎藤　さすがにハマーではなかったけれど、解説陣の中で蝶野さんだけがテーマ曲に乗って花道を歩いて入場してきましたね。現在の蝶野さんは腰と首に故障を抱えたままの状態なので、大きな杖をついて長い花道を歩いてきましたが、あのシーンがあとで効いてきましたね。

――観客みんなの頭に「蝶野は試合ができる状態じゃないんだ」ということがインプットされたからこそ、より驚きと感動が増したという。

鹿島　また入場してきたときの曲が『CRASH』で、あれもいいけど『Fantastic City』も聴きたいなって、一瞬思ったじゃないですか。それものちに効いてくるっていう。

――武藤さんが「蝶野、俺と闘え！」って言って、蝶野さんがヘッドセットを外してリングに向かう絶妙のタイミングであの曲がかかって、あそこで涙腺爆発したファンも多かったでしょうね。

鹿島　第1回G1決勝とかを知っている世代はたまらないですよ。

斎藤　また、それをひと世代上のライバル同士である藤波辰爾と長州力がリングサイドでふたり仲良く隣同士に座って、ニコニコしながら観ていましたね。あの光景がまた微笑ましかった。

――また、あのサプライズを誰が事前に知っていて、誰が知らなかったのかを想像するのもマニア的には楽しかったりする。おそらく藤波、長州は知らずに観ていて「アイツら、やりやがったな！」っていう感じでニコニコしていて（笑）。

斎藤　大喜びでしたね。これは2週間後の無料配信版で確認したことなのですが、全試合終了後、放送席では棚橋弘至が、武藤vs蝶野について素早い分析をしていて「武藤さんは引退試合で2回負けましたね。あれは誰にもできないことですよね」って話していた。あの視点もさすがだなと思いました。

鹿島　棚橋さんも、武藤vs蝶野がおこなわれるとは思っていなくて、とっさにそういう言葉が出るのが、さすが一流のプロレスラーですよね。

――ただ、辻アナはちょっとわざとらしかったですけどね（笑）。

斎藤　「俺が実況ですか?」って、わざわざ念を押したやつね。

鹿島　あれはちょっと波紋を呼びましたけど、辻さんの実況がファンからいろいろ言われるっていうのも懐かしい90年代の雰囲気でしたよ（笑）。

斎藤　アナウンサーで言うと、最後に古舘伊知郎さんがリング上から自作の詩を読み上げましたけど、やっぱり昭和の人なんだなって感じたのが、武藤敬司の引退を「昭和プロレスの終焉」って強調していましたね。でも武藤さんの引退は本当は「平成プロレスの終焉」ですよね。だからこそ、武藤さんがバックステージに消えたあと、ビジョンに三沢光晴と橋本真也の画像が映し出されたわけだから。

「〝上司〟である坂口さんが二度目の海外遠征に行かせたことで、その後の武藤敬司のレスラー人生が開けていったんです」（斎藤）

――ただ、武藤さん自身も「自分が引退したら、昭和のプロレスが完全に終わる」って言っているんですよね。「猪木さんが巡業に出ていた時代に、一緒に汗を流した経験があるのは俺の世代が最後だ」みたいなことを言っていました。

斎藤　なるほど。猪木さんが現役選手としてシリーズ興行の地方巡業に出ていた時代を知っているファンは少なくなりましたね。

鹿島　それと武藤さんはよく「思い出とケンカしても勝てない」って言っていたじゃないですか。でも、あの日は蝶野さんまでリングに上げて、思い出をたっぷりと利用しつつも、どこか明るくサッパリしている感じがよかったですよね。うしろ向きなノスタルジーじゃないというか。

斎藤　それから引退試合なのに10カウントゴングをあえてやらないっていう演出もよかったと思います。

鹿島　だから湿っぽくないし、関係者からの花束贈呈とかが延々と続いたりしなかったので、イベントとして凄くスッキリしていましたよね。

斎藤　そういうことをしないほうがビッグなのです。来賓、ゲストじゃなくて、あくまでも引退するレスラーが主役ですから。

鹿島　それで大会翌日、蝶野さんが東スポに「武藤にハメられた！　次は覚えておけ！」って言って記事が載るって言う。あの終わり方もいいじゃないですか（笑）。

斎藤　蝶野さんは引退興行をやりますかね？　今度は蝶野が武藤をいじるという伏線もあるのかもしれないけれど、ボクはあの1分間が蝶野正洋にとっても引退試合だったのではないかと感じています。

――最高だったのは、武藤引退試合の2日後くらいにアリストトリスト（蝶野のファッションブランド）のツイッター公式アカウントが、蝶野さんが武藤さんとのサプライズマッチで着ていた服一式すべて発売中っていうツイートをしていたんですよ（笑）。

鹿島　抜け目ないですね～！（笑）。

――動きやすいカーゴパンツに、ソフトキルテッドセーター、さらに入場時に着ていたハーフコートにサングラスにいたるまで、すべてアリストトリストの商品で。試合前に貴金属は外していたのに、なぜか腕時計をはめたまま試合をしていたじゃないですか。あれもアリストトリストの新商品なんです（笑）。

鹿島　うわー！（笑）。

――だからSTFを仕掛けると、腕時計がバッチリ見えるという。広告効果抜群ですよ！（笑）。

鹿島　なんかルパン三世の一団がパーッと去って行ったみたいな感じがしますよね。「やりやがったな！」っていう（笑）。

斎藤　じゃあ、アリストトリストの新着モードを買い揃えれば、あの日の蝶野になれるのね。

――そうなんです。「2・21東京ドーム大会、蝶野正洋着用アイテム」としてコスチューム一式絶賛発売中（笑）。ソッコーで売れたみたいですけどね。

斎藤　きっとそうなのでしょうけど、それはそれでさすがです。

鹿島　今回の武藤さんで言うと、蝶野さんとのサプライズマッチなどで思い出を武器にしつつも、引退試合〝本戦〟は内藤哲也選手と対峙して、最後の最後までその時代のトップであり続けたことが凄いですよね。

斎藤　1回目のアメリカ武者修行からスペースローンウルフとして帰ってきたときからずっとメインイベンターでしたね。でも猪木世代と藤波、長州世代の新旧世代闘争が始まっちゃったことで、なぜかいちばん若い武藤さんがナウリーダー側に入れられて便利屋的な使われ方をされた部分があった。正規軍、長州軍、UWF軍の3グループとシリーズごとの外国人レスラーとで当時の新日本はもの凄い人数だった。そこで坂口（征二）さんが二度目の海外遠征に行かせたことで、その後の武藤敬司のレスラー人生が開けていったんですね。だから坂口さんという「上司」は、武藤敬司を語る上で欠かせない存在であり、じつは日本プロレス史においても重要な役目を果たしている人です。これまではあまり語られることがなかった史実なのですが。

鹿島　たしかに坂口史観のプロレス史とい

うのは、これまであまり語られていないですね。

——武藤敬司が大ブレイクして、新日本が90年代黄金期を迎えるきっかけになった1990年4・27東京ベイNKホールでの2度目の凱旋帰国も、坂口さんが半ば強引に決めたようなところがありましたからね(笑)。

鹿島　武藤さんがSWSに行くことがほぼ決まっていたのに、ひっくり返したのが坂口さんっていう。

——あと武藤さん本人は、いちばん行きたいところはWWE（当時WWF）でしたけど、坂口さんに「今度、日本にビンスが来るから紹介してやる」って言われて帰国して。結局、紹介なんかしてくれなくて新日本に凱旋帰国となったわけですからね(笑)。

斎藤　武藤さんはある意味、そのときは時代の空気に翻弄されかけていたのかもしれないけれど、結果的にあのタイミングで凱旋帰国するのがいちばんよかったんだと思います。

鹿島　坂口さんがいなかったら、歴史が変わっていたってことですよね。じつは現代プロレスの父が坂口征二だったという(笑)。

「坂口さんがテレ朝を連れて合流したから新日本は続いたし、坂口さんがいなくなりテレ朝を失ったことで日本プロレスは崩壊した」(鹿島)

斎藤　これはこじつけでもなんでもなく、じつは「そこに坂口征二がいたからこそ歴史がそうなった」ということは、けっこうたくさんあるんですね。そこがかなり見落とされている。坂口さんは新日本プロレス社長就任を機に1990年に引退しているので、もう33年前ですね。だからオンタイムで現役時代の坂口さんを観た人がもう少なくなってきていることもあって、坂口さんが歴史の中で果たしてきた役割が見過ごされている部分が大きいんです。

——30年前からプロレスを観ている人ですら、坂口さんといえば「タイトルマッチで認定書を読みあげる人」みたいなイメージなのかもしれないですね。長く新日本の社長、会長を務めたので、〝偉い人〟なのは間違いないけどっていう。

斎藤　武藤敬司引退試合が終わったあと、3月7日には両国国技館で「アントニオ猪木お別れの会」がありましたね。新日本プロレスと猪木元気工場の連名で各方面に招待状が届きましたが、そこに「お別れの会」代表発起人として坂口さんからの挨拶文があったことで、この会の大義名分が成立したようなところがありました。馬場さんが亡くなって、猪木さんが亡くなったあとのプロレス界の住職、ローマ法皇のようなポジションになった坂口さんの存在は凄く重要だと思います。

鹿島　そういう人がいるだけで公式感が出ますよね。

斎藤　たとえば、日本プロレス界には公式のホール・オブ・フェイムはありませんが、それを立ち上げるとしたら、坂口さんが発起人であれば、みんなが集まれるんじゃないかと感じます。

鹿島　BI砲が亡くなったいま、そういう立場でしっくりくるのは坂口さんぐらいなわけですよね。世代的にも実績的にも。

斎藤　猪木さんが日本プロレスを除名になり、BI砲が空中分解したあと、馬場＆坂口の東京タワーズが短期間ながら日プロのエースコンビとなったことがあった。馬場さんが日プロから独立すると、坂口さんが日プロの若きエースになった。猪木さんの新日本も旗揚げから1年間、ノーTVでがんばったけれど経営的にはギブアップ寸前だった。猪木、馬場が抜けた日プロはやっぱり〝沈みゆく船〟で、坂口さんの決断だけがその存亡の運命を決めた。1972年の秋の時点で、坂口さんには猪木・新日本との合流、馬場・全日本との合流というふたつのオプションがあって、坂口さんはそのどちらでも選択することができた。でも結果的に、テレビ朝日と新日本を結びつけたのが坂口さんだった。当時の『ワールドプロレスリング』実況アナウンサーの舟橋慶一さんも「(テレ朝のプロレス放送は)坂口ありきだったんですよ」とそう証言されています。

鹿島　坂口さんが、テレ朝を連れて猪木さんと合流したから新日本は続いたし、坂口さんがいなくなりテレ朝を失ったことで日本プロレスは崩壊したわけですもんね。歴史のカギを握っていたという。

斎藤　そして新日本に合流してからは、猪木＆坂口の黄金コンビとしてリング上の二枚看板となっただけではなく、リング外でも重要な役割を果たすようになった。坂口さんだけが（猪木以外では）レスラーとプロモーターの感性というか、発想を同時に兼ね備えていた。だからアメリカのレスラーやプロモーター、たとえばWWFの人たちからすると「坂口がゴリラ・モンスーンなわけね」となるわけです。つまりバックステージのすべてを取り仕切るポジションの人であり、ゴリラ・モンスーンがいたからWWFが成立していたのと同じように、坂口征二がいたからこそ新日本プロレスが成立していたということです。

――ビンス・マクマホンやアントニオ猪木という狂気の天才がひとりいるだけじゃなくて、それをしっかりとサポートする人の存在が重要だったということですよね。

斎藤　猪木vsモハメド・アリのあと、テレ朝に対する巨額の借金返済のために猪木さんの異種格闘技シリーズが3年続きましたが、そのときも坂口さんは、あまりそういうことをやるようなタイプではないのにザ・モンスターマンあたりを相手に異種格闘技戦もやったりしていた。

鹿島　やってましたねえ。

斎藤　「あれっ？　坂口さんも異種格闘技戦をやるの？」みたいな(笑)。モンスターマンとやったし、ふたり目は誰とだっけ？

――ランバージャックですね。

斎藤　それから（ウィレム・）ルスカ戦もあったし。

――柔道ジャケット・マッチですよね。バッファロー・アレン（バッドニュース・アレン）とか。

斎藤　そうです。アレンのデビュー戦ですね。ニューヨークのマディソン・スクウェア・ガーデンでもルスカ、アレンと〝トリプル・スレット〟でやったこともあった。だから坂口さんも大切なところでは異種格闘技戦をやっていた、犠牲的な精神で。どうしてかというと、それは坂口さんがレスラー、プロデューサー、プロモーターの3つのロールを常に同時に機能させていたからです。やっぱり、レスラーはレスラーの言うことしか聞かないので。

鹿島　いざというときに頼りになるっていう。

斎藤　80年代には札幌で前田日明vsブルーザー・ブロディが組まれていて、ブロディが来日キャンセルして来なくなったとき、代わりに坂口vs前田をやったら、坂口さんがえらく強かったという試合があったでしょ。

――坂口さんがもの凄い張り手をやって、最後はレフェリーの制止を振り切ってストンピングで踏みつけて反則負けだったんですよね。

斎藤　それから新日本vsUWFのイリミネーションマッチにも坂口さんが唐突に出たことなかったっけ？

――あれは5vs5の勝ち抜き戦ですね（1986年5・1両国国技館）。

斎藤　それです！

――新日本vsUWFは、その年の3・26東京体育館でのイリミネーションマッチで新日本が勝っているので、その第2ラウンドである5・1両国では猪木は出場せず、猪木&上田馬之助vsアンドレ&将軍KYワカマツっていう謎のカードが組まれていたんですよね。

鹿島　あったな～！

「猪木さんが一度だけシングルマッチで坂口さんに敗れた試合だったので、週プロはあのアトミックドロップを表紙にしたんです」（斎藤）

――それで新日本vsUWFのほうは、藤波と前田が大将。坂口征二は新日本の次鋒として登場して、山崎一夫や髙田延彦を子ども扱いにするっていう。

斎藤　そうです、その試合です。「坂口がいちばん強え！」っていうあの日のオトナの観客の歓声というか、叫びが脳内に残っていますよね。

鹿島　新日本のナンバー2であり、スーパーサブであり、いざとなったら出てくるっていう存在だったんですよね。

斎藤　70年代には猪木vsストロング小林、猪木vs大木金太郎という歴史的な日本人対決がありましたが、猪木vs坂口のライバル物語っていうのも、やろうと思えばできたはずなんです。

鹿島　実力的にはじゅうぶん成り立ちますよね。

斎藤　でも坂口さんはそういうやり方はせず、あくまで猪木さんのサポートに徹していた。そんな坂口さんが一度だけシングルマッチで猪木さんに勝ったことがあったでしょ？　トップロープに猪木さんの急所を打ちつけるアトミックドロップでリングアウト勝ち。あれは何年？

――1986年ですね。猪木がアンドレからギブアップ勝ちしたときと同じIWGP公式リーグ戦なので。

斎藤　写真週刊誌に不倫現場が〝フライデー〟された直後のボウズ頭の猪木さんですよね。まだ倍賞美津子さんと離婚する前、正義の味方であるはずのアントニオ猪木が不倫をしてしまったと。それを『フライデー』に撮られて、猪木さんは頭を丸めてシリーズ開幕戦に現れた。いわば、猪木さんにとっては懺悔のシリーズだったわけですよね。

鹿島　そうでしたね。あの猪木がボウズ頭で反省した姿を見せているっていうのが衝撃的でした。

斎藤　それが坂口さんのトンチだったのか、猪木さんのトンチだったのかわかりませんが、IWGPリーグ公式戦で猪木vs坂口が組まれたとき、坂口さんが猪木さんの股間をアトミックドロップでトップロープに打ちつけて、そのまま猪木さんが悶絶して場外に転げ落ちてリングアウト負けになった。

――「この股間が悪いんだ！」と（笑）。

斎藤　そう、そのシーンです！

鹿島　正義の坂口が、悪の股間を制裁したわけですね。（笑）。

――暴れん棒を成敗して一件落着という（笑）。

斎藤　あれは猪木さんが一度だけシングルマッチで坂口さんに敗れた試合だったので、週プロ編集部は大騒ぎになって、あのアトミックドロップを表紙にしたんです。

鹿島　股間を制裁する決定的瞬間を（笑）。

斎藤　でも、あの写真はワンカットしかなかったんです。というのはあの当時、坂口さんと猪木さんがIWGPリーグ公式戦でシングルをやったとしても、普通に考えれば延髄斬り一発ですよ。ところがアトミックドロップで股間をトップロープに打ちつけて、猪木さんが悶絶するっていう予想外の幕切れになった。そんな場面を予想している人なんていなかったから、写真があまりうまく撮れていなかったんです。

――坂口さんのアトミックドロップって、毎試合のように使うつなぎ技になっていましたもんね。

斎藤　そういうシーンを想定していなかったし、カメラマンのポジションもあまりよくなかったんだけれど、かろうじてワンカットだけ撮れていたんです。当時の杉山編集長と山本隆司次長（ターザン山本）が「あったー！」って、ふたりで大喜びして、その写真を表紙にしたといういきさつをきのうのことのように思い出します（笑）。まあ、そういう状況の中で猪木さんを相手にトンチの利いた勝ち方ができるのも坂口さんだけだったのでしょう。

鹿島　猪木さんを叱ることができるというか、試合で罰を与えることができる立場の人って、坂口さんしかいなかったと。

斎藤　新日本にとっては社長より上位にいる存在だったと思います。

――1984年に新日本は選手の大量離脱があったじゃないですか。そのとき、実際はレスラーだけじゃなくて、営業マンとかフロント社員もみんなジャパンプロレスとUWFに行っちゃって、坂口さんがあらゆる部署の部長さんを兼ねるような感じになっちゃったんですよね。

鹿島　オフィス北野からマネージャーがみんな辞めちゃうみたいな、それを思い出しましたね（笑）。会社がまわらなくなっちゃうってことですよね。

斎藤　80年代半ばから後半にかけては、坂口さんが広報までやっていました。後楽園ホールの下の階段にマスコミを集めて、次期シリーズの日程、カード発表などの資料を自ら配ったりして。

「ちゃんと筋を通す
ゼネラルマネージャーとして、
80年代当時から会社の体制としては
〝坂口・新日本〟だったわけですね」（鹿島）

――現役レスラーであり、現場監督、マッチメーカーであり、広報もやれば経理のトップでもあり、選手のブッキングも坂口さんだったじゃないですか。

斎藤　きめ細かい仕事をされていました。1984年の「第2回ＩＷＧＰ」にＡＷＡからマサ斎藤、ケン・パテラが来たでしょ？普通だったらマサさんを呼ぶなら電話一本で済むわけじゃないですか。でも坂口さんはわざわざミネアポリスまで飛んで来て、バーン・ガニアに「マサ斎藤とケン・パテラを1カ月間お借りします」って挨拶に来たんです。

鹿島　そうやって、ちゃんと筋を通すのもさすがですね。

――あと1985年に業務提携解消によりWWFの選手が来なくなったとき、ダラスの招聘ルートを開拓したのも坂口さんですよね。

斎藤　そうでした。ダラスに行ってフリッツ・フォン・エリックと会談したのも坂口さんでした。

――その足で、桜田（一男＝ケンドー・ナガサキ）さんと個人的に会って、当時、全日本所属扱いだった桜田さんを口説いてランボー・サクラダとして新日本に上げたり。

メキシコにいた越中詩郎をロサンゼルスまで呼び寄せて、直々に口説いたのも坂口さんですよね。

斎藤　それからルイジアナに行って、ビル・ワットとも会っています。あの新日本の〝冬の時代〟に本当に精力的に動いていたんです。

鹿島　まさにゼネラルマネージャーというか。当時から会社の体制としては〝坂口・新日本〟だったわけですね。

斎藤　そう思います。だって猪木さんがそういう会社の仕事をするわけがないですよ。猪木さんは社長なんだけど、やっぱりアーティストだからそういう具体的なことは何もしなくて当たり前というか、それは坂口さんというゼネラルマネージャー、トップエグゼクティブがいてこそ成立していた。すでに80年代半ばからは、引退はしていないけれど試合にはほとんど出ないポジションになり、猪木さんが政界に進出するタイミングで、会社のために「じゃあ、自分も現役生活にピリオドを打って、社長業に専念する」という決断をしたわけです。

——１９９０年の２・10東京ドームで、歴史上初めて全日本のレスラーが新日本のリングに上がり、「プロレス版ベルリンの壁崩壊」と言われましたけど、あれも坂口さんが社長じゃなかったらありえなかった話ですよね。

斎藤　坂口さんがプロレス界の中でいちばん常識がある方だったということなんだと思います。そして、馬場さんも坂口さんだったら協力関係を作っても大丈夫だろうと考えた。

——「１９９０年の坂口征二」っていうのは、じつはプロレスの歴史を語る上で重要かもしれませんね。２・10ドームで新日本vs全日本を初めて実現させて、４・13ドームではＷＷＦ、全日本、新日本の3団体合同興行『日米レスリングサミット』も成功させて、さらに武藤敬司を凱旋帰国させて、闘魂三銃士で新日本を繁栄に結びつけたわけですから。

斎藤　武藤さんに話を戻すと、そもそも最初に「この男だ！」って武藤さんに目をかけたのも坂口さんでした。もちろん、柔道つながりという部分もあったのでしょうけれど、デビュー1年で海外遠征行きを決めたのも坂口さんだし、武藤さんがアメリカに行ったあとも、坂口さんがひとりで渡米して会いに行ったりもしていました。

鹿島　素質を見抜いていたわけですね。

斎藤　武藤敬司は系譜上はアントニオ猪木の弟子ではあるけれど、現場の采配、プロレス的なプロデュースでは坂口さんのナンバーワン・ボーイだったわけです。

鹿島　坂口さんが育ての親みたいなことですよね。

斎藤　ボクはそう思っています。ＳＷＳに誘われたときだって武藤さんは猪木さんには報告に行かず、坂口さんに相談に行ったわけです。そうしたら坂口さんが「武藤、行っちゃダメだぞ」って言って、東京ベイＮＫホールでの凱旋帰国になったわけですよね。

——そして平成以降の新日本の象徴である

G1クライマックスを始めたのも坂口さんですよね。両国国技館3連戦を初めておこなって、「G1」という名称も競馬好きの坂口さんならではという（笑）。

斎藤　第2回G1クライマックスは、NWA世界ヘビー級王座決定戦も兼ねていましたが、あのときは坂口さんがNWA会長だった。名刺にもそう刷ってありましたから（笑）。

鹿島　その名刺ほしいな～（笑）。

斎藤　かつて新日本は〝世界最高峰〟NWAになかなか加盟できなくて屈辱を味わった時代があった。NWA世界王者の招へいも全日本に独占されていた。でも90年代になると業務提携していたWCWのほうから、NWA新王者決定戦を新日本のリングでやるというプランを持ちかけられて、実際に蝶野正洋vsリック・ルードが決勝戦を争いましたが、そうしたら坂口さんはいつのまにかNWA会長になっていた。だから昭和のNWA幻想も坂口さんの代でちゃんと消滅させているんです。

――そういうしっかりとした肩書きが似合う、数少ない人ですよね。

斎藤　現在、坂口さんは新日本の会長職を離れて相談役という肩書きですが、いまも1・4ドームに行けば坂口さんとかならずお会いできるわけです。馬場さんがいなくなって、猪木さんがいなくなって、闘魂三銃士も、四天王もリングを去ったけれど、そこに坂口征二がいることで新日本プロレスだけでなく、日本のプロレス界の系譜、プロレス史の年表が一本の線でつながっているのだ、という感覚があります。

鹿島　坂口法皇ですね。いてくれる、見守っていてくれることが大事という。

斎藤　そういったことを考えると、坂口さんの存在は凄く大きい。武藤敬司引退を機に、これまであまり語られてこなかった坂口さんの偉大なる功績が再評価されるべきなのではないか、とボクは思うのです。

プチ鹿島
1970年5月23日生まれ、長野県千曲市出身。お笑い芸人、コラムニスト。大阪芸術大学卒業後、芸人活動を開始。時事ネタと見立てを得意とする芸風で、新聞、雑誌などを多数寄稿する。TBSラジオ『東京ポッド許可局』『荒川強啓 デイ・キャッチ！』出演、テレビ朝日系『サンデーステーション』にレギュラー出演中。著書に『うそ社説』『うそ社説2』（いずれもボイジャー）、『教養としてのプロレス』（双葉文庫）、『芸人式新聞の読み方』（幻冬舎）、『プロレスを見れば世の中がわかる』（宝島社）などがある。本誌でも人気コラム『俺の人生にも、一度くらい幸せなコラムがあってもいい。』を連載中。

斎藤文彦
1962年1月1日生まれ、東京都杉並区出身。プロレスライター、コラムニスト、大学講師。アメリカミネソタ州オーガズバーグ大学教養学部卒、早稲田大学大学院スポーツ科学学術院スポーツ科学研究科修士課程修了、筑波大学大学院人間総合科学研究科体育科学専攻博士後期課程満期。プロレスラーの海外武者修行に憧れ17歳で渡米して1981年より取材活動をスタート。『週刊プロレス』では創刊時から執筆。近著に『プロレス入門』『プロレス入門II』（いずれもビジネス社）、『フミ・サイトーのアメリカン・プロレス講座』（電波社）、『昭和プロレス正史 上下巻』（イースト・プレス）などがある。

ROTARY INTERNATIONAL
STUDIOS
OMAHA COUNCIL
1916 1929
SEX WAX
PRO WRESTLING
"KING OF SPORTS"

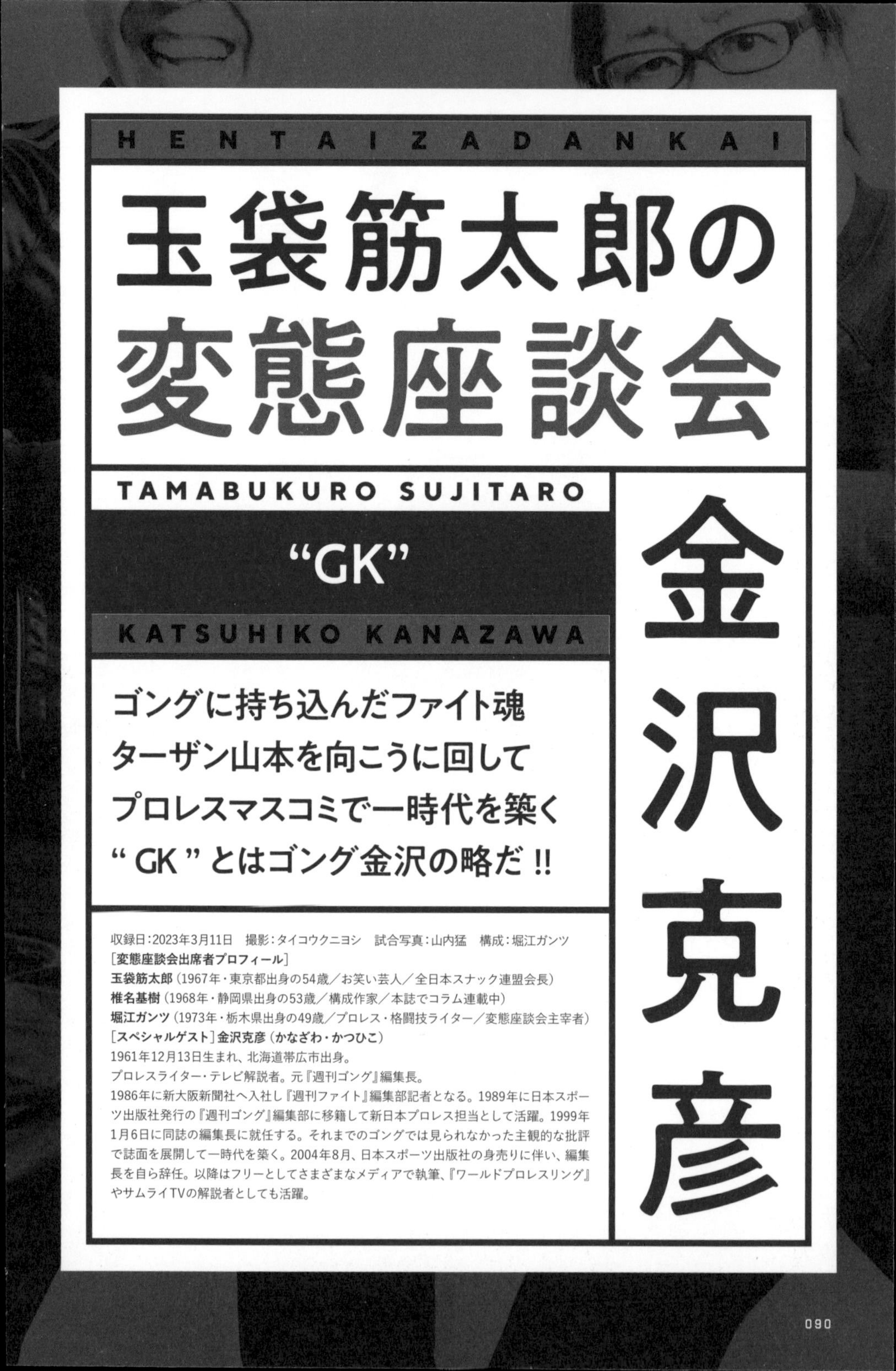

HENTAIZADANKAI

玉袋筋太郎の変態座談会

TAMABUKURO SUJITARO

“GK”

KATSUHIKO KANAZAWA

金沢克彦

ゴングに持ち込んだファイト魂
ターザン山本を向こうに回して
プロレスマスコミで一時代を築く
“ GK ” とはゴング金沢の略だ !!

収録日：2023年3月11日　撮影：タイコウクニヨシ　試合写真：山内猛　構成：堀江ガンツ

［変態座談会出席者プロフィール］

玉袋筋太郎（1967年・東京都出身の54歳／お笑い芸人／全日本スナック連盟会長）

椎名基樹（1968年・静岡県出身の53歳／構成作家／本誌でコラム連載中）

堀江ガンツ（1973年・栃木県出身の49歳／プロレス・格闘技ライター／変態座談会主宰者）

［スペシャルゲスト］金沢克彦（かなざわ・かつひこ）

1961年12月13日生まれ、北海道帯広市出身。

プロレスライター・テレビ解説者。元『週刊ゴング』編集長。

1986年に新大阪新聞社へ入社し『週刊ファイト』編集部記者となる。1989年に日本スポーツ出版社発行の『週刊ゴング』編集部に移籍して新日本プロレス担当として活躍。1999年1月6日に同誌の編集長に就任する。それまでのゴングでは見られなかった主観的な批評で誌面を展開して一時代を築く。2004年8月、日本スポーツ出版社の身売りに伴い、編集長を自ら辞任。以降はフリーとしてさまざまなメディアで執筆、『ワールドプロレスリング』やサムライTVの解説者としても活躍。

adidas
adidas

「『週刊ファイト』の入社の筆記試験が東京と大阪であって、東京の試験会場にはなんと水道橋博士がいたという（笑）」（金沢）

玉袋　金沢さん、おひさしぶりです！

金沢　どうもおひさしぶりです。

ガンツ　玉さんと金沢さんは、何かで共演したことがあるんですか？

金沢　サムライTVの『月曜Sアリーナ』って番組があって、ターザン山本さんと浅草キッドさんがMCで、いちばん人気があったんですよね？

玉袋　あったんだけど、ターザンの暴走があって、ターザンが切られたっていう。

ガンツ　ダハハハ！　やらかしましたか（笑）。

金沢　ボクはあの番組に2回呼ばれたんですよ。1回目はゲストとして呼ばれて、2回目は山本さんが出場停止になったので代わりに（笑）。

ガンツ　たしかターザンが不用意な発言をした舌禍事件があったんですよね？

金沢　ノアからクレームが来たんですよ。ノアの試合後、三沢光晴さんがコメントしている映像が流れたんですけど、あの人ってボソボソ喋るじゃないですか。それを見たターザンが「あんな身内の記者だけにしゃべってるから聞き取れないんだよ！　だからノアはマイナーなんですよ！」とか言って。

椎名　そりゃあ、仲田龍さんが黙っていないですよ（笑）。

玉袋　ガチドラゴンがガチで怒ったんだ（笑）。

金沢　仲田龍がカテェんだよ。生放送中にすぐ電話がかかってきてさ。

金沢　それで「ターザン山本を出すな」ってことになって、代わりにMCに呼ばれて（笑）。

玉袋　金沢さんとはそれ以来ですよね。

椎名　ターザンとガチドラが結んだ縁なんですね（笑）。

ガンツ　金沢さんと玉さんって、それぞれプロレスマスコミ、芸能界に入った時期が同じくらいじゃないですか？

玉袋　俺は高校卒業してすぐだから、1985年か1986年だな。

金沢　ボクは1986年の5月1日付けで『週刊ファイト』大阪本社の編集に入ったんですよ。

椎名　『週刊ファイト』なんだ。

ガンツ　〝ゴング金沢〟と呼ばれながら、じつは『ファイト』出身なんですよね。

金沢　『週刊ファイト』には3年半いました。

玉袋　それはどういうツテで入ったんですか？

金沢　『ファイト』の入社試験があったんですよ。そうしたら、なんと500名くらい応募があったらしくて。

玉袋　ええっ、そんなに!?

KAMINOGE vol.136

定期購読のご案内!

より早く、より便利に、そしてお得にみなさんのお手元に本書を届けるべく「定期購読」のお申し込みを受け付けております。

発売日より数日早く、税込送料無料でお安くお届けします。ぜひご利用ください。

●購読料は毎月 1,120 円（税込・送料無料）でお安くなっております。
●毎月5日前後予定の発売日よりも数日早くお届けします。
●お届けが途切れないよう自動継続システムになります。

お申し込み方法

※初回決済を 25 日までに、右の QR コードを読み込むか、「http://urx3.nu/WILK」にアクセスして決済してください。以後毎月自動決済を、初月に決済した日に繰り返し実行いたします。
【例】発売日が 5/5 の場合、決済締め切りは 4/25 になります。

※セキュリティ設定等によりメールが正しく届かないことがありますので、決済会社（@robotpayment.co.jp）からのメールが受信できるように設定をしてください。

※毎月 25 日に決済の確認が取れている方から順次発送させていただきます。（26 日～ 28 日出荷）

※カードのエラーなどにより、毎月 25 日までに決済確認の取れない月は発送されません。カード会社へご確認ください。

未配達、発送先変更などについて

※ホームページのお問い合わせより「タイトル」「お名前」「決済番号（決済時のメールに記載）」を明記の上、送信をお願いします。
返信はメールで差し上げておりますため、最新のメールアドレスをご登録いただきますようお願いします。

また、セキュリティ設定等によりメールが正しく届かないことがありますので、「@genbun-sha.co.jp」からのメールが受信できるように設定をしてください。

株式会社　玄文社

［本社］　〒108-0074　東京都港区高輪 4-8-11-306
［事業所］東京都新宿区水道町 2-15 新灯ビル 3F
TEL 03-5206-4010　FAX03-5206-4011
http://genbun-sha.co.jp　info@genbun-sha.co.jp

KAMINOGE

ガンツ　80年代前半のプロレスブームの余波なんでしょうね。

金沢　最初に履歴書と作文でふるいにかけて、東京で50人、大阪で100人くらいが筆記試験を受けたらしいんですけど。その東京の試験会場に水道橋博士がいたという（笑）。

椎名　マジですか!?　『ファイト』に入ろうとして？

玉袋　博士はプロレス記者志望で『ファイト』が好きだったんだよ。田中正志（タダシ☆タナカ）経由でいろいろ吹き込まれて。

ガンツ　たけし軍団に入らず『ファイト』に入っていたら、師匠がタダシ☆タナカだったという（笑）。

玉袋　嫌な師弟関係だぜ？　シュート活字っていうカルトにハマっちゃってよぉ。

金沢　でも、あの同じ試験会場に水道橋博士もいたのかと思うと感慨深い（笑）。で、『ファイト』って会社としては新聞社じゃないですか。『新大阪』という大阪の三流夕刊紙ですけど。一面が全部ヤクザの抗争でね、毎日一面が一和会（笑）。

ガンツ　凄いですね（笑）。

椎名　まだ残っているんですか？

金沢　もうないですね。『ファイト』より先になくなりました。でも母体が新聞社だから、入社するためには一般教養も必要だと思って勉強していたんですよ。そうしたら筆記試験はオール・プロレス問題なんですよ（笑）。

玉袋　それ、入社試験じゃなくプロレスカルトQだよ！（笑）。

金沢　小学校から始まって、いまだかつてこんなに試験ができたと思ったのは初めてでしたよ。「Q 次の言葉を何文字以内で説明しなさい」「JBエンジェルス」とかね（笑）。「立野記代と山崎五紀のタッグチームでジャンピング・ボム・エンジェルスの略である」とか書いて正解！

ガンツ　そういう勉強は、子どもの頃から誰よりもしてきたわけですもんね（笑）。

「大阪時代の金沢さんは風呂なしアパートでネズミ3匹と同居してたんだ？　ロード・ウォリアーズだよ（笑）」（玉袋）

金沢　あと作文問題もあって、「『週刊ファイト』と週プロ、ゴングの違いについて書け」というお題があったんですよ。そこでボクは「『週刊ファイト』は一言で言えば『週刊猪木』である」って書いたら、I編集長（故・井上義啓さん）が気に入っちゃったみたいで（笑）。

玉袋　「わかってるヤツが来た！」って感じだったんだろうな。

金沢　最終面接まで10人くらいいたんですけど、I編集長が「これはもうね、キミね、この一言がすべてですよ！」って言ってくれたんで、「これは通ったな」と（笑）。

玉袋　うまいよ。ドラフト1位だよ。

椎名　『ファイト』のなんたるかがわかっているかどうかが

重要なんですね。

玉袋　それで大阪に引っ越したんですか？

金沢　東京支社勤務募集だったんですけど、研修で3人大阪本社で採っていちばん出来のいいのを東京に送るってことだったんで、ボクは自分がなるんだと決めて、東京のアパートも残したまま3カ月半大阪に住んで、晴れて東京勤務になったんですよ。

玉袋　さすがだなあ〜。

金沢　大阪のアパートは家賃が1万5000円ですよ。もちろん風呂なし共同トイレの六畳一間で、迷路みたいなアパートなんですよ。

玉袋　大阪のどこらへんだったんですか？

金沢　野田阪神駅のすぐ近くで、阪神アパートっていう名前ですね。部屋にネズミが3匹出てきたという。

玉袋　ネズミと同居してたんだ。ロード・ウォリアーズだ（笑）。

椎名　スラムから成り上がった男（笑）。

玉袋　で、東京支社で働き始めてからは、具体的な仕事は東京の試合を全部リポートするってことなんですか？

金沢　東京近郊すべてですよね。名古屋から西は大阪本社がカバーして、関東から東、北はこっちでやる。あとはもちろん全団体なんですよ。

玉袋　全団体！

金沢　でも当時は男子が新日本、全日本、UWFの3団体で、全女、ジャパン女子を入れても5団体。あとは末期にFMWがあるくらいだったんです。ボクの『ファイト』での最後の仕事は、FMW旗揚げを発表した大仁田厚の取材だったんですけど、そのとき、大仁田に荒井（昌一）さんを紹介されたんですよ。「コイツが『どうしてもやりたい』って言うから、本当に困っちゃうんだけど手伝ってもらうんだ」、「荒井と申します。よろしくお願いします！」って。

玉袋　うわあ、その後のことを考えちゃうと重いなあ。

金沢　それが最後の仕事でしたけど、『ファイト』での3年半は凄くいい経験になりましたよ。週プロやゴングだと新人はフィルム整理とか下働きからなんだけど、『ファイト』は人がいないからすぐに現場に行かせてもらえたので。

玉袋　即戦力ですよね。

金沢　だから入って即、ジャンボ（鶴田）さんだろうが天龍さんだろうが、藤波さん、長州さんだろうが、ほとんど取材できましたよ。

玉袋　そりゃあ、逆に恵まれてるよね。大変だけど財産だな。

ガンツ　でも金沢さんは『ファイト』時代に身体を壊しちゃったんですよね？

金沢　いや、じつは学生時代から身体を壊していたんですよ。肺気胸の手術をしたんですけど、ショッパイ医者で、はっきり言って医療ミスがあったんです。出血が止まらなくて2日連続でオペやって、輸血したらC型肝炎に感染しちゃって。
玉袋　ええ〜っ！
金沢　当時はC型肝炎って名前がまだなくて、非A非B型肝炎って呼ばれていたんですけど、治療法もなかったんですよ。ただ症状はまったく出てなくて、発症しないために激しい運動を禁じられて、お酒も控えてくださいって言わて。定期的に検査して異常値が出るとちょっと入院して、治療薬がないからミノファーゲンっていうのを打たれてね。数値が下がったら「いいですよ」って退院して。そんな繰り返しで。
玉袋　キツいなあ。
金沢　で、無症状だけど、そんな状態のまま『ファイト』に入ったら症状が出てきて、凄く身体が疲れるようになったんですよ。
玉袋　肝臓だと倦怠感ですよね。
金沢　だけど会社に「病気を持っている」って言えないから、『ファイト』のときも2回ぐらい短期入院しているんですよね。で、ゴングに移ることが決まったときに、たまたま名医を見つけて、まだ承認されていないインターフェロンを6週間打ってもらったら治っちゃったんですよ。医者にもよろこばれましたね。「キミは大切な私の財産だ」って（笑）。
玉袋　検体だ（笑）。
金沢　インターフェロンって1本何万円の世界じゃないですか？　だけどお金は取られなかったんですよ。
玉袋　それはリアル検体じゃないですか（笑）。
金沢　でも、そのお医者さんは自分で見つけたんですよ。ある日、読売新聞を読んでいたら「非A非B型肝炎の研究が非常に進んでいる。たとえばどこどこ病院の○○先生」みたいな記事を見つけて、京都の先生が肝炎の権威だと書いてあったんで電話してみたんですよ。取材と偽ればいろいろと教えてくれそうだと思って、「日本経済新聞の金沢と申します」って言って（笑）。
椎名　『ファイト』じゃないですか！（笑）。
玉袋　本当はヤクザとスケベしか載っていない新大阪新聞社の人間なのに（笑）。
金沢　大阪の三流夕刊新聞から日本経済新聞になっちゃった（笑）。そうしたらお医者さんが出てくれて「もし詳しい話を知りたかったら、虎の門病院のK先生を取材されたらいいですよ。非常に気さくな方ですから」って言われて。

「一編集長は凄くいい人で、『取材費は足りてるか？』って言って、自分のポケットマネーで多めにくれるんですよ」（金沢）

椎名　じゃあ記者のふりをして肝炎の治療法を聞いたんですか？
金沢　そうですね。それでそのK先生に電話をかけてみたら、お医者さんってすぐつながるんですよ。そのときは日本経済新聞を名乗る前に「じつは京都の何々先生にうかがいまして、肝炎について聞きたいんですけど」って言ったら、「○○先生の紹介ですね？　あなたは非A非B型肝炎なんですか？」「そうなんです」「すぐに私のところに来なさい」って言ってくれて。で、行って血液検査をして「入院しましょう」と。

玉袋　とんとん拍子に話が進んだわけですね。

金沢　それで入院したとき、K先生から「インターフェロンをやってみませんか？　お金はそんな高額なものは取りませんから」って言われて、6週間毎日点滴を打ったんです。それで退院後、数値が正常になって「抗体ができたので大丈夫です」って無事完治したんですよ。

玉袋　うわ～、すげえ！ジャンボに教えたかったね。

金沢　だからゴングに行ってからは体調は問題なかったんです。

椎名　ゴングに移るきっかけはなんだったんですか？

金沢　『ファイト』は給料がめっちゃ安かったんですよ。当時24歳で手取りが11万4000円だったかな？　週プロもゴングもけっして給料がいいわけじゃないけど、ちゃんとボーナスも出るし、それなりに暮らしていける。でも『ファイト』はリアルに生活していけないんですよ。おそらくこのままでは永遠に結婚ができないだろうとも思って。

椎名　ほかの雑誌にはすぐに移れるもんなんですか？

金沢　たまたま後楽園ホールの取材帰りに都営三田線の駅で、当時ゴングで新日本を担当していた小林さんという記者と一緒になって、「小林さん、『ファイト』じゃ暮らしていけないんでゴングに行っていいですか？」って言ったら、「本気なの？　わかった。すぐ話をするから来て」って言われて。

椎名　そんな感じなんですか。

金沢　そうしたら翌日、当時編集長だった清水（勉）さんから「金沢くん、いつから来られる？」って電話が来て。

玉袋　『ファイト』のほうは簡単に辞められたんですか？

金沢　普通に新大阪新聞社の支社長に「辞めます」って話をして、『ファイト』東京支社にいた松下さんという長老記者にも「ボク、今月いっぱいで辞めさせていただくことになりました」って言ったら、「金沢くん、どっちに行くの？」って言われて（笑）。

玉袋　もう週プロかゴングに行くってバレてたんだ（笑）。

金沢　「ゴングです」って言ったら、「そっか。ゴングに行ってもファイト魂を忘れずにね」って言われて、「ファイト魂」なんてそんな熱い言葉があの長老から出てビックリしましたよ。

椎名　闘魂ですね（笑）。

金沢　それでI編集長にも直接電話で連絡をしたんです。I編集長は凄くいい人で、『ファイト』の給料が安いのはわかっているから「取材費は足りてるか？」って言って、自分のポケットマネーで多めに振り込んでくれるんですよ。

玉袋　へえ！

椎名　ファイト文化を守るために自腹を切ってたんだ。

金沢　だからI編集長には言いづらくてね。でも、やっぱりちゃんと電話して、「『ファイト』を辞めることにしました。ゴングに行きます」って言って。そうしたら「そうか。でもな、金沢くん。『若いうちの苦労は買ってでもしろ』という言葉もあるしな」って言われたんで、「編集長、申し訳ないですけど苦労を買うカネもないんです」って言って（笑）。そうしたら編集長が黙っちゃって、ひどいことを言っちゃったなと思っているんですけどね。

玉袋　そう言われたら何も言えねえもんなあ。でも金沢さんは週プロに行こうとは思わなかったんですか？

金沢　『ファイト』と週プロは仲がよかったんで、なんとなく週プロの宍倉次長から「こっちに来ないか？」みたいなニュアンスのことは言われていたんですよ。宍倉次長とは仲がよかったので。でも「ゴングに行くことになりました」って言ったら、「金沢くん、そのほうがいいと思うよ。こっちに来たら、金沢くんの性格からして山本さんと絶対にぶつかるから」って言われて。

ガンツ　あの頃の週プロは、ターザン山本に従う人じゃないとダメだったんですよね。

玉袋　独裁者だったからな。

金沢　ところがゴングに入って早々に、ターザン山本さんとぶつかっちゃうんですけどね（笑）。

玉袋　何があったんですか？

金沢　氏神一番さんとの対談が載っているプロレス単行本が出て、そこで山本さんが「ゴングはプロレスのプの字も語っていない」って言っていたんですよ。山本さんとは会場で会えば話す仲だったんですけど、その一文にもの凄く頭に来てね、週プロの編集部に電話したんですよ。そうしたら向こうから折り返しかけてきて、「山本ですけど、なんでしょうか？」ってかまえてるんです。

玉袋　身に覚えがあるんだろうな（笑）。

金沢　それで「こういう本を読んだら、山本さんが『ゴングはプロレスのプの字も語っていない』って言っていますけど、これは本当に言ったんですか？」って聞いたら「はい、言いました」って敬語で返してきて、「大袈裟に書かれたわけじゃなく、山本さんが言ったとおりですか？」って聞いたら「はい、言ったとおりに書かれてます」って言うんで、「わかりました。お忙しい中、すいませんでした」って言って切ったんですよ。ボクはあの瞬間に「ターザン山本を絶対に引きずりおろす」って心に決めて、それがゴングでのボクのモチベーションだったんです。

玉袋　ワハハハハ！　いいね〜。

adidas

「ゴングでの、あの一連の長州インタビューでボクたちは金沢さんの名前を認識したんですよ」（椎名）

金沢　でもゴングに来たばっかりの記者とカリスマ編集長のターザン山本じゃ、あまりにも差があるじゃないですか？　だから引きずりおろすって言っても、場外心中みたいな感じしかできないなと思ってね。

椎名　新日vsＵＷＦの上田馬之助戦法ですね（笑）。

金沢　ボクはゴングの編集部から電話をしたんですよ。そうしたらまわりはみんなジッと聞き耳を立てていましたね。ゴングの編集部ってめちゃくちゃ平和でケンカしないんですけど、そこに異分子が入ってきちゃったわけでしょ？

椎名　ライバル誌の編集部に直接電話をして文句を言うという、早くもファイト魂が出ちゃって（笑）。

玉袋　いいね〜！

金沢　悔しかったのは週プロのほうが売れていたんですよ。ゴングも売れていたんですけど、週プロのほうが売れてるし、メジャーな感じになっていた。そして「読んでおもしろい文章の週プロ、写真はゴング」みたいに言われていたので、それが悔しくて。ゴングに入って最初のうちは猫をかぶっていたけど、徐々に本性を出し始めて、要は文章の中で自分を押し出し始めたんですよ。

ガンツ　当時、週プロの記事は主観だけど、ゴングはあくまで客観的という感じだから、それもまた異分子ですね。

金沢　あるとき、清水編集長に「凄く自分を出しちゃったんで署名原稿にしていいですか？」って聞いたら、「いいよ」って言ってくれたんですよ。当時のゴングは、インタビューには「聞き手」のクレジットが入っていたけど、試合レポートは署名がなかったんです。週プロは全部署名でしたけど。だからゴングの試合レポートで初めて署名したのはボクだったんですよ。その流れからみんな署名原稿を書くようになりましたよね。それがファイト魂ですよ。

玉袋　俺たちも読者としてはターザンに洗脳されちゃっていた時期があるからな。

ガンツ　でも金沢さんがゴングに移った初期って、ターザンがいちばんキレッキレだった時期ですよね。有名になったのはもうちょっとあとだけど、その頃の週プロがいちばんキレてました。

椎名　プロレス史だとどれぐらいの時期？

ガンツ　インディーが出始めて多団体時代が始まった頃で、ＵＷＦもあって。

金沢　でも山本さんを引きずりおろしてやる、場外心中してやるって思っていたけど、「この人、文章はうまいし、説得力あるな」って、そこは凄く感心して読んでいました。

玉袋　マイナーパワーvsファイト魂だよ。まあ、ターザンの週プロの場合はカルトだしさ、外界とは遮断してプロレスにすべてを注ぎ込むような編集部を作っていたからな。

金沢　そのうちに山本さんの暴走が激しくなってきたじゃないですか？「テレ朝が新日本の中継を打ち切り」とか誤報を大々的に打ったりして。あのへんで長州力が完全にプッツンして、週プロと新日本の関係がダメになっていくんですよね。一方、なぜかボクは長州力といい関係を築いていたじゃないですか。いまはまったく交流がないけど（笑）。

玉袋　「おい、金沢」だからね。

椎名　あの一連の長州インタビューで金沢さんの名前を認識しましたよ。

玉袋　あれはどうやって長州の懐にタックルを入れたんですか？

金沢　あれも『ファイト』時代からなんです。当時からほかの記者は長州力が怖いから誰も話を聞きに行かなかったんですけど、ボクは新人でよくわからないから平気で控室に入って行って、「長州さん、話を聞かせてください」って言っていたんですよ。

玉袋　そんなヤツ、長州さんはいちばん嫌うんじゃないですか？

金沢　それでも平気で行くんです。「おまえは誰だ？」「『ファイト』の金沢です。話を聞かせてください」「話はあとだ。試合後にしてくれ」ってあしらわれて、試合後だと共同取材を受けますよね？

ガンツ　コメントの囲み取材ですよね。

金沢　それだと各社同じコメントしか取れない。でもI編集長からは『ファイト』だけのコメントを取らないとダメだ」と言われていたから、長州はコメントをしたら「はい終わり」なんだけどもう1回行って、「長州さん、コメントをいただけますか？」みたいな。「いま出しただろ」って言われても「いや、『ファイト』だけのコメントがほしいんで、キラー・カーンの造反についてどう思いますか？」とか聞いたらめんどくさそうに答えてくれたんですけど、それを毎回繰り返したんですよ。「またおまえか」って（笑）。それで覚えられたんですよね。

玉袋　長州を根負けさせたっていうのがすげえな。

ガンツ　金沢さんがゴングに移ってきた時期は、闘魂三銃士が勢揃いして、新日本が上昇気流に乗ったときだったので、それはラッキーだったんじゃないですか？

金沢　武藤ちゃんはボクが『ファイト』にいた頃、スペースローンウルフ時代から取材していたので、そこはやりやすかったですけど、その頃の彼は取材嫌いだったんですよ。

ガンツ　いまでは信じられないですね。

金沢　彼が言葉を操るようになったのは全日本に行ってからですよ。それ以前は、まず取材がめんどくさい。で、本当のことをポロッと言っちゃうから、よけいなことをしゃべって坂口（征二）さんに怒られる（笑）。

ガンツ　武藤さんは隠語とかも普通に言いますもんね（笑）。
金沢　だから武藤敬司は武藤を知らない記者とか、武藤自身が知らない記者にはまったく素っ気なかったんですよ。でもボクは若い頃から取材しているから、武藤をいかに乗せてしゃべらせるかが楽しくてしょうがなかったんですよ。で、調子に乗ってくると名言が出てくるから。
玉袋　言葉が降りてきますよね。
金沢　だから「プロレスはゴールのないマラソンだよ」っていうのはフミ斉藤さんのインタビューで出た言葉ですけど、たしか「思い出と闘ったって勝てっこねえんだよ」っていうのは、ボクがゴングでやったインタビューですね。また武藤を怒らせるとおもしろいんですよ。

「広報のチェックがないのをいいことに、破壊王が長州力への不満をしゃべったり蝶野さんが会社批判をしたり、そんなのばっかり（笑）」（ガンツ）

玉袋　あえて怒らせるためにインコースを投げるわけですか？
金沢　そう。怒らせると凄い球が返ってくるんでおもしろいんですよね。これをボクはジャンボさんにもやっていたんですよ。
玉袋　ジャンボさんはどうなんですか？　怒らないような感じがするんだよな。
金沢　ジャンボさんのインタビューは試合と一緒なんですよ。常に余裕で、おもしろみがなかった。だから逆に天龍さんを褒めることばっかり話すんです。そうするとジャンボさんも徐々にムッとしてくるんですよ。「キミはずいぶん天龍が好きなようだね。天龍、天龍、天龍って。ボクは天龍だけを相手にしているわけじゃない。世界を相手に闘っているんだよ！」っていう感情が乗った言葉が出てくるんです。
玉袋　いいね〜。
金沢　長州さんが全日本を離脱して新日本に戻るときも、ジャンボさんを全日本の道場で取材したんです。「長州さんとはもう闘うことがなくなりましたね」って聞いたら「長州とは闘うことはなくなったけど、彼とはこれから人生の勝負をしていきたいと思う」って言ったんで、「それは貯金通帳の額ですか？」って聞いたら「そういう話じゃないんだよ！（怒）」って（笑）。怒ると急に本音が出てくるんですよ。本当に怖いもの知らずでした。
玉袋　レスラー相手にあえて怒らせるっていうのが凄い。いまは温厚な人が多いけど、当時は違ったんじゃないですか？
金沢　でも根底にあるのは、向こうはプロレスラーだからまさか殴ってはこないだろうっていうのがあるんですよ。
椎名　前田日明さんだけは違うけど（笑）。
金沢　前田さんはやっぱりヤバいときは近づかないほうがいいですね（笑）。年長の記者でも区別なく怒るじゃないです

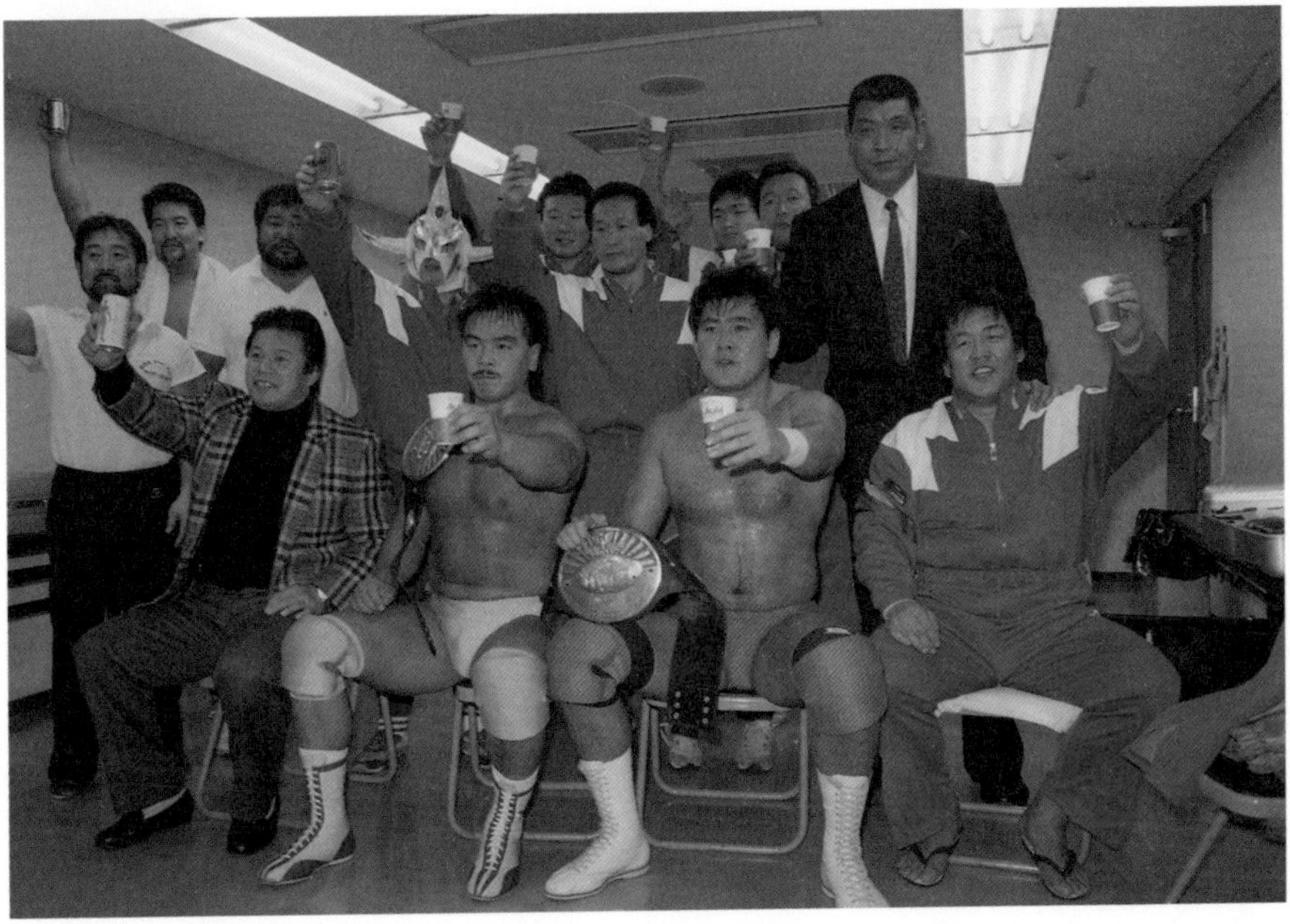

か？　だから年長の記者たちは前田日明に近づかなかったですもんね。

椎名　『フルコン』の山田編集長も歳上だし（笑）。

金沢　だから前田さんをインタビューするときは、武藤ちゃんやジャンボさんと違って絶対に怒らせちゃダメですね。上げて上げて、気持ちよくさせるとどんどんしゃべってくれる。

玉袋　それぞれの選手によって取材の仕方、組み立て方があるんだろうね。

金沢　でも、いまの選手って聞き手を選ばないじゃないですか？　自分で答えることを事前に全部用意しているから。誰がインタビューをしようが、用意しておいた言いたいことを言うっていう。

椎名　いまの選手はそうなんですね。

金沢　でも最初にその形を作ったのは武藤敬司だったんですよ。全日本プロレスに行ってから聞き手を選ばなくなったんです。誰が来ても自分の考えを発信するんですよね。

玉袋　やっぱり全日の社長って立場になったことで、変わっていったんだろうな。各メディアを広報的に使う必要に迫られたというかさ。

椎名　そうなると、金沢さんの怒らせて本音を引き出す方法論とか通じなくなっちゃいましたね。

金沢　通じないですよね。スルーされるし、いまは原稿チェックが絶対にあるんですよ。だから怒って本音を言ったとしてもあとで削られる。ボクが『ファイト』やゴングでやっていた時代は、原稿チェックはひとつもありませんでしたから。

玉袋　わかる。そうだよな～。

ガンツ　だから90年代後半とかは、破壊王が長州力への不満をインタビューを通じてしゃべったりとか、蝶野さんが会社批判をしたりとか、そんなのばっかりでしたよね。広報の原稿チェックがないのをいいことに（笑）。

金沢　本当にそうでしたよね。で、蝶野正洋は何を言ってもOKなんですよ。でも同じことを橋本真也が言うと会社的な問題となってしまうというね（笑）。橋本は「なんで蝶野がよくて、俺はダメなんだよ！」って、よく言ってましたよ。

椎名　蝶野さんはそのへんがクレバーですもんね。アングルめかして言うじゃん。

金沢　蝶野はリング上の立場が反体制だから何を言ってもOK。また長州さんと口論になっても丸め込んじゃうんですよ、口が上手いから。その点、わかりやすい者同士の長州力と橋本真也は正面からぶつかってしまうんですよね。

玉袋　それが最終的には「コラコラ問答」まで行くわけだもんな（笑）。

金沢　1・4の橋本vs小川のあとぐらいから、長州さんが橋本批判をするようになったじゃないですか。

ガンツ　「練習不足だ」とか「いつまで休んでるんだ」とかですよね。

金沢　ボクと橋本はもともと仲がいいですけど、そういう長州さんの言葉をゴングで書いていたから、おもしろくなかったようなんですよ。その文句を自分で言わないで、付き人の安田忠夫に言わせるんです。会場で安田がニコニコしながら「編集長！」って寄ってきたから「おお、ヤス！　何をニコニコしてんだ？」って聞いたら、「長州の犬」って言って逃げて行った（笑）。

椎名　子どもかよ！（笑）。

金沢　「いま、なんて言った、この野郎！」って追いかけていったら「だって橋本さんに言えって言われたんだもん」って（笑）。

玉袋　小学生だよ（笑）。「おまえの母ちゃんデベソ！」って言っているようなもんだよ。

ガンツ　しかも子分に言わせるっていう（笑）。

「1・4事変が起きた当時、闘魂三銃士の妻たちは『長州さんが仕掛けたんじゃないか？』って疑っていたらしいです」（金沢）

玉袋　おもしれえな～。

金沢　その後、橋本はZERO－ONEで小川直也と組むようになったじゃないですか。でもボクは一度、1・4の件で小川を徹底的に叩いたので認めなかったら、ある日、夜中に橋本から電話がかかってきて「金沢さん、そろそろ小川のこともわかってやってくれよ」って言われて。
玉袋　へえ！
金沢　どの口で言ってんのかと思いましたね。1・4のあとは「アイツを日本刀で斬ってやりたい」って言っていた男が（笑）。
玉袋　あの橋本と小川の関係っていうのも不思議なんだよな～。
ガンツ　1・4事変が起こってしまったのは、当時、破壊王が猪木さんとも長州さんともあまり関係がよくなかったのが原因でもあるんですか？
金沢　だからあの当時、三銃士の妻たちは長州さんが仕掛けたんじゃないかって疑っていたらしいですよ。
玉袋　へえ！「三銃士の妻たち」っていいな（笑）。
椎名　月9ドラマになりますね（笑）。
金沢　北斗晶にも電話がかかってきたらしいですよ。「チャコさん、何か聞いてない？」って感じで。
椎名　奥さんネットワークで！
金沢　健介だったら、長州さんの腹の中も知っていたんじゃないかって。
玉袋　いちいち北斗に報告してそうだしな（笑）。
金沢　でも「健介は凄く怒ってました」って、北斗は言っていたみたいですけど。

ガンツ　あの1999年の1・4ドーム掲載号から金沢さんはゴング編集長になったんですよね？
金沢　ボクは1999年の1月6日付で編集長になったので、あの東京ドームが終わった翌々日で編集長なんですよ。
玉袋　すげえタイミングだな～。
金沢　いきなりそれが来ちゃったもんだから、ボクは巻頭記事で「ハッキリ言って小川はバカである」って書いて。
ガンツ　ゴング史上に残る名文句ですね（笑）。
椎名　ファイト魂だね（笑）。
金沢　「セメント闘争勃発」って。「セメント」って言葉を専門誌で使っちゃいましたからね。週プロだってセメントって言葉は使わなかったと思いますよ。
ガンツ　一連の小川vs橋本がきっかけで、金沢さんに「GK」っていう名前がついたんですよね。
金沢　でも、あれは紙プロ発ですよ。「GK」ってグレート小鹿さんが謎の怪覆面GKとして出てきたのが元ネタで。
ガンツ　当時、紙プロの読者投稿ハガキが金沢さんの似顔絵に「GK」って書いてきたのがあって、それをおもしろがって、会長（山口日昇）や吉田豪さんが座談会で金沢さんのことを「GK」って呼ぶようになったんですよね。当時、金沢さんはゴングで小川直也を毎回ボロクソに書いていたから、吉田さんが「今週もGKは最高でしたよ！」とか言って（笑）。
玉袋　山口日昇と吉田豪の仕業か。

金沢　そういう点では紙プロには感謝しているんですよ。GKのTシャツまで作ってくれちゃってね。カルバン・クラインの「CK」のロゴを「GK」にして。

玉袋　まあ、そういったことも商売に繋げた紙プロは凄い。

ガンツ　「GK」っていう呼び名がついたことで、歴代ゴング編集長の中で飛び抜けていちばんキャラが立ちましたよね。名前が前面に出る編集長なんて、それまでいなかったので。

金沢　まあ、「ゴングは中立だ」っていうイメージは完全に覆されましたね。でもたぶん、ボクの場合は『ファイト』から始まっているから必然なんですよ。

椎名　『ファイト』からゴングに行く人はそんなにいなかったんですか？

金沢　大川カメラマンがほぼ同時期に移っています。

椎名　じゃあ、記者でファイト魂をゴングに持ち込まれたのは金沢さんだけなんですね。

金沢　だからボクの中では若いくせに生意気だけど、「ゴングの体質を変えてやる」っていう思いがありましたからね。

玉袋　たしかにゴングが変わった瞬間だよね、金沢さんが編集長になった1発目の号っていうのがさ。

ガンツ　だからSWSが出てきた頃、「週プロを毎週読まなきゃ！」って感じだったのと同じように、あの1・4以降は「ゴングを読まなきゃ」ってなりましたからね。

金沢　1・4の前に、新日本に上がろうとしていた頃からまず大仁田を押さえたんですよ。そして編集長になる直前、小川がとんでもないことをしてくれた。だから大仁田と小川というふたつのスキャンダルが、ボクにとって凄く武器になったんです。

椎名 週刊誌っていうのは本来、スキャンダルありきですもんね。

「髙田さんがタックルでテイクダウンを取れたからと、永田さんにミルコ戦を推したのは金沢さんですよね？」（ガンツ）

玉袋 毎週、〝GK砲〟が飛び出していたわけだもんな。そりゃあ、読むよ。

金沢 でもそういうのを書きまくってたんで、まあ、いまになって長州さんは怒るわけですよ。「アイツはクソ垂れて、ケツを拭かない。垂れっぱなしだ！」とか「蜘蛛の糸が1本垂れてきたら、アイツはいちばんにすがりつく男だ」とか、長州語録がたくさん出てきますよね（笑）。

ガンツ 金沢さんは、いまの長州力をどう思っているんですか？

金沢 タレントの長州力ですか？　いや、もう付き合いが全然ないから「おもしろいな」と思って見ていますよね。

椎名 ああいう素養があると思っていました？

金沢 もともと言葉の素養がめちゃくちゃあるじゃないですか？　ない言葉を作るじゃないですか？　「舌戦」のことを「舌合戦（したがっせん）」って言いましたからね。

椎名 それ、間違いじゃないですか（笑）。

金沢 言葉を作りましたからね。語感として「舌戦より凄いな、舌合戦は」って。

玉袋 それぐらいのコピーライター的なセンスは絶対あるから、テレビにバチーンとハマるわけだよな。『相席食堂』に出たって「飛ぶぞ」みたいな一言でウケるわけだからな。

ガンツ 金沢さんが編集長になった頃、大仁田の新日参戦や1・4小川vs橋本など事件が多発して、週刊誌の追い風になったと思いますけど、そのあとは事件が多すぎてプロレス人気が落ちていくことにもなってしまいましたよね。

金沢 一度に多くのことが起こりすぎたんですよ。それはスキャンダルにかぎらず。1999年1月6日付で編集長になったあと、1月末に馬場さんが亡くなり、翌年にはジャンボさんまで亡くなりましたから。

ガンツ そして新日本では2000年末に破壊王が解雇になってZERO－ONEを作ったり、2002年初頭には武藤さん一派が抜けて全日本に行っちゃったし。

金沢 凄く激動でしたよね。武藤は口が堅くて、誰も全日本に行くなんて知らなかった。

玉袋 だから新日本も衝撃を受けて、札幌の「猪木問答」みたいなことが起こったわけだもんな。

椎名　あの頃はどんどん本音の言葉が出てきましたよね。
ガンツ　蝶野さんが、武藤さんに対してマジで怒っていたって話ですもんね。
金沢　マジで怒っていました。
ガンツ　「なんで一言も言わねえんだ」「なんで俺を誘わねえんだ」って（笑）。
金沢　じつは武藤一派の新日本離脱を前に、馳（浩）先生から電話がかかってきたんですよ。「カシンが全日本に来ることになったから。金沢さん、取材してやってくれる?」って。まだ武藤離脱が表面化する前だから、その衝撃も凄いじゃないですか。で、それを聞いた日に永田裕志からも電話がかかってきたんですよ。それで「金沢さん、驚いたね！」って言うから、「いや、ビックリしたよ。まさかね。知ってた?」「いや、俺も全然知らなかった」って会話をしていたんですけど、どこか話が噛み合わないんです。それで「誰の話をしているの?」って永田が言うから「カシンが辞めるんでしょ?」って言ったら、「ええ、カシン辞めるの!?」って驚いて。こっちも「誰の話をしているの?」って聞いたら「いや、武藤さんが辞めるって」って言うから、「武藤が辞めんのぉぉぉ!?」って驚いちゃって。ふたりでダブルインパクトでしたよ。
玉袋　お互い、別々の爆弾が爆発しちゃったんだな。
ガンツ　永田さんがミルコ（・クロコップ）とやってＫＯされたのは、武藤一派が新日本を抜ける直前ですよね？　たしか２００１年大晦日の試合なんで。
金沢　そうでしたね。その２００１年のＧ１クライマックスで永田は武藤敬司に勝って優勝しているんですよ。で、そのあと、永田は武藤から「時期がきたら、おまえに話したいことがある」って言われたんだけど、結局、何もなかったらしいんです。これはあくまでボクの予想だけど、武藤は永田のことを買っていたので、おそらく当初は全日本に連れていく候補に入っていたけど、ミルコ戦を決めたことで消えたんだと思うんですよね。これはたぶん、武藤ちゃんに聞いても「憶えてねえ」って言うと思うんだけど。
ガンツ　永田さんに、そのミルコ戦を推したのは金沢さんなんですよね？
金沢　あれはすべて私と藤田和之の責任です（笑）。
ガンツ　永田さんにも以前この座談会に出てもらいましたけど、藤田選手と金沢さんが交互に電話してきたって言っていました（笑）。
金沢　髙田延彦戦を観たら、絶対にいけると思ったんですよ。
ガンツ　２００１年11月3日の東京ドームで髙田vsミルコがあって。髙田さんが寝技で上になりながら、そこから攻め手がなくドローになりましたけど、タックルでテイクダウンは取れたんですよね。
金沢　それで藤田が「髙田さんがタックル取れるんですよ。

絶対にいけますよ」って言ってね。

ガンツ 「そうしたらGKが『ゴングは来年はおまえで行くって決めてるから、ここは主張させてもらう』って言われた」って、永田さんは言っていました。

金沢 でも表紙にするにしてもなんでも、「コピーはこうしていい？」っていうのは全部ちゃんと本人に相談してやったんですよ。「『ミルコと勝負したい』っていうコピーにしていい？」って聞いたら「金沢さん、それは勘弁してください。『ミルコに興味がある』にとどめておいてください」って。猪木さんの意向もあるからそこは暴走しないで、見出しも文面も全部、永田の意向に沿って作ったんですよ。

ガンツ 永田さんは「最終的にミルコ戦は自分で決めたことだけど、あのとき『そんな甘いものじゃないよ』って、諭してくれたのはカシンだけだった」とも言っていました。

金沢 だから試合が終わったあと、カシンは倍賞（鉄夫＝当時・猪木事務所社長）さんにムキになって言ったらしいですから。「ケガしなくてよかったじゃないですか！」「こんなことをさせて」って。カシンってやさしいですよ。やさしいっていうか、本当は常識人なんです。リング上ではめちゃくちゃだし、人の癇に障ることばっかり言うじゃないですか。でも普段の彼はいちばん常識人だと思いますよ。

玉袋 だからああいうふうにキャラ付けしているんだな。

ガンツ カシンさんは自分でもハイアン・グレイシーとやっているし、頭がいいから「これはプロレスをやりながらじゃ無理な世界だな」ってわかっていたんでしょうね。

金沢 カシンはハイアン戦の2週間前まで、普通にプロレスの試合に出させられていましたからね。だから夏のG1最終日の両国の試合後、「練習してる？」って聞いたら、「してませんよ。ギャラの話だって全然わからないし、俺はやらないかもしれませんよ」って吐き捨ててましたからね。猪木事務所経由の話だから、ギャラまで曖昧だったんですよ。

「新日はライガーvsヒクソンをやろうとしたんですか!? 骨法vsグレイシー柔術、夢の対決だよ！（笑）」（玉袋）

ガンツ だから当時の新日本の上層部や、猪木事務所の人たちって、プロレスとバーリ・トゥードの違いもよくわからず、大金が入るから「出ろ！　出ろ！」って言っていたようなところがありますよね。Uインターの桜庭あたりが勝てるんだから新日本の選手が出れば問題ないだろう、ぐらいな感じで。

椎名 そんなノリだったの!?

ガンツ いや、本当にそうなんですよ。

金沢 だからカシンがハイアン・グレイシーとやったときも、みんな「負けるわけがないだろう」と思っていたわけですよ。だから負けたときは「ええっ、カシンが負けた!?」って、そういう反応でした。大谷晋二郎からも「結果を教えてください」って言われてたんで電話で教えたら、「えっ！　石澤さんが負けたんですか!?　しかもタックル取られたんですか？　石澤さんからタックルなんて絶対に取れないですよ！」って言ってて。

ガンツ　だから新日本は「グレイシーが寝技が強いといっても、カシンは寝かされないから大丈夫」って感じだったんでしょうけど、打撃のフェイントがあるだけで全然違うってことが理解できていなかったってことですよね。

椎名　それぐらいの認識だったんだ。

金沢　だから藤田が特殊だったんでしょうね。新日本を辞めて1カ月弱でPRIDEに出て（ハンス・ナイマンに）勝っちゃいましたから。

ガンツ　そして2戦目で〝霊長類ヒト科最強〟と呼ばれたマーク・ケアーに勝って大ブレイクして。

椎名　藤田が勝ったことで、よけいに「いける！」って思っちゃったんだね。

ガンツ　だからあの頃、本気で長州力vsヒクソン・グレイシーもやろうとしていたんですよね？

金沢　やろうとしてました。要は体重無差別でも受けるんならって。

玉袋　でもヒクソンは新日ではやりたくないって言ったんでしょ？

ガンツ　長州vsヒクソンの話は、WJプロレスができるちょっと前だったので、そのときは第三者のリングをまた作るって話だったんですけど、その前にも新日本はヒクソンを呼ぼうとしていたんですよね？

金沢　たしか（1999年）4月のドームでやろうとしたんじゃないかな。それは長州さんじゃなくて中西学。

玉袋　中西vsヒクソン！

金沢　で、中西が無理なら藤田にやらせようとして。それよりもっと前、ヒクソンが日本に来たばかりの頃は「ライガーでどうだ」っていう話もありました。

玉袋　ライガーvsヒクソン!?　骨法vsグレイシー柔術、夢の対決だよ！（笑）。

椎名　船木がヒクソンとやる前にライガーがやるはずだったんだ。骨法コンビ！（笑）。

玉袋　たぶん大原（学）と小柳津（弘）がバーリ・トゥードで負ける前だろうな。なんで骨法縛りで話してるのかわかんねえけど（笑）。

金沢　ヒクソンがまだそこまでメジャーじゃなくて、「400

戦無敗」って話題になっているヤツなら、新日本に呼んでやらせようじゃないかと。それにライガーなら、ヘビー級のトップじゃなくてジュニアだから、仮に負けてもそんなに傷つかないと。実際にライガーも永島のオヤジから「ヒクソンとやってくれ」って言われたらしいです。それはライガー本人から聞きました。だけどライガーは「なんで俺がやらなきゃいけないんだよ。興味ねえんだけど」って言っていたんで、その話は具体化する前にすぐ消えたんですけどね。中西との話は実際に進めてました。だって中西が急に身体を絞って、大学のレスリング部に練習に行っていたくらいだから。

玉袋　そこでやっていたら、歴史が変わっていたのかもしれないけどな。

金沢　藤田なんかは「やりたい！　やりたい！」って言ってて。

ガンツ　一方で小川直也も本気でヒクソン戦に動いていて、2001年の5・3福岡ドームでやった、長州力&中西学vs小川直也&村上和成っていうのは、ヒクソン争奪戦みたいな裏の意味合いもあったという。

金沢　あの試合のとき、長州さんが「パンチが見えなかった」って言ってました。それでヒクソン戦への気持ちが冷めちゃったみたいです。

ガンツ　「俺は競技者としてはもうダメだな」ってなっちゃったんですよね。

金沢　レスリングなら負けない自信があったんでしょうけど、打撃があるのとないのとでは全然違いますもんね。

「愛すべき欠落者（橋本真也）から人格者（オカダ・カズチカ）へ。それが平成から令和なんですね」（金沢）

ガンツ　そういうグチャグチャの時代だったし、しかも2001年の年末にはミスター高橋本まで発売されたじゃないですか。だから橋本、武藤の離脱や総合格闘技での敗戦、さらにミスター高橋本と、同時多発的に負の事件が次から次へと起こって、新日本の人気が急落していったんですよね。

椎名　ただ単にバーリ・トゥードで負けたからじゃなかったんだね。

金沢　これは仕方がないことなんだけど、悲しいかな、プロレス雑誌の売れ行きって、新日本の人気と連動しているんですよ。90年代に「出版不況」と言われるようになってからも、プロレス雑誌は影響を受けなかったんですけど、新日本がガクッて落ち込んだことで、週プロだろうがゴングだろうが、プロレス雑誌全体が何をやっても売れなくなったんです。あの頃、プロレス界でノアだけはよかったじゃないですか？

ガンツ　そうですね。武道館がいっぱいになって、東京ドームにも進出して。でも、それは総合格闘技の台頭やミスター高橋本という危機がプロレス界に迫る中、それこそ方舟に乗って行った人たちですもんね。
玉袋　現実から離れた楽園だよな。
椎名「ノアだけはガチ」っていうくらいの別世界だもんね。
金沢　だから残念ながらノアが盛り上がっても週刊誌の売り上げにはつながらなかったんです。新日本ってよくも悪くもかならずスキャンダル的なことが起こりましたけど、ノアにはそれがないですから。
玉袋　ノアのスキャンダルは、三沢さんが亡くなったあとに『別冊宝島』とかで書かれた、生々しい裏の話ばっかりだったもんな。さすがに俺もあれは読めなかった。
椎名　仲田龍と泉田純が中心のスキャンダルじゃ、盛り上がりようがないもんね（笑）。
玉袋　金沢さんはいつ頃まで編集長をやっていたんですか？
金沢　ボクは2004年10月15日をもって辞任しました。その前に会社（日本スポーツ出版社）が身売りしたんで、「この体制ではできない」っていうのもあっての辞任だったんですけど。その前の1年くらいは相当厳しかったですね。編集長だったから自分の雑誌の実売数はわかるし、取次に少しお金を払えば週プロの部数も全部わかるんです、資料が毎週来るんで。ボクが編集長に就任してから辞任するまで、週プロにずっと実売で勝っていたんですけど、低いレベルで勝ってもしょうがない。会社がどんどん傾いていって。
ガンツ　日本スポーツ出版社って、事実上、ゴング一本でもっていた会社ですもんね。
金沢　そうなんです。『週刊ゴング』一本で社員全員を養っていたようなものだったから。だからボクが編集長になった1、2年目と比べたら、2004年は実売数が半分になりましたね。4年で半分になるんですよ？　どうあがいてもダメでしたね。
玉袋　そうやって活字プロレスの時代が終わっちゃったわけか。
金沢　週プロは、ゴングより母体の会社が大きかったから、いまもまだ続いていますけど、いい意味で活字プロレスではなくなりましたね。要するに、いまのプロレスは記者が自分の頭で想像して書く世界観が必要なくなっちゃったんですよ。団体側が全部発信してくれる。
ガンツ　昔のプロレスは、自分なりの「答え」を見つけるものでしたけど、いまは最初から「答え」を出してくれるんですよね。
金沢　そう。選手も全部答えを出してくれる。だからもうマスコミが何かを仕掛けるとか、そういうことができなくなりましたから。
椎名　武藤敬司の引退で、本当に時代が終わったんですね。
玉袋　いまのプロレス界は、橋本真也みたいなのは生きていけないよ（笑）。
金沢　無理でしょうね（笑）。いまはオカダ一強時代ですけ

ど、彼は本当にしっかりしていますよ。

玉袋　天龍さんの引退試合を務めたりね。あれは俺も感心した。

ガンツ　オカダ・カズチカはいま35歳で、会社から絶大な信頼を得ていますけど、破壊王は同じ35歳のときに1・4事変があって、会社と揉めに揉めまくってましたからね（笑）。

金沢　橋本真也の欠落ぶりは愛すべき欠落ぶり。亡くなってあれだけネタにされる人はいないですよ。

椎名　みんな「橋本のことなら何を言っても大丈夫」みたいな感じですもんね。YouTubeで蝶野と武藤が橋本の悪口を言い合っているのとか超おもしろいんだよ。あれだけ言ってもいい人ってすげえなって。

金沢　あの人間性だから語り継がれているというね。

玉袋　時代は橋本からオカダへ、だな（笑）。

金沢　愛すべき欠落者から人格者へ（笑）。それが平成から令和なんですね。

自己投影観戦記　できれば強くなりたかった

第133回

ゴールのないマラソンを完走した、武藤敬司

椎名基樹

椎名基樹（しいな・もとき）1968年4月11日生まれ。放送作家。コラムニスト。

スターレスラーは数多存在している。しかし、それに比べて、プロレスラーの華やかな引退試合は、非常に少ないように思える。武藤敬司の引退試合をきっかけに、自分の記憶を辿っていってそう感じた。

アントニオ猪木、前田日明、髙田延彦、天龍源一郎らの引退試合は、大会場でおこなわれ、華やかな大団円として心に残っている。さらにそれらに、今回の武藤敬司の引退試合が加えられた。

しかし、ジャイアント馬場、坂口征二、タイガーマスク、三沢光晴、川田利明、船木誠勝、蝶野正洋などの超ビックネームの選手が、盛大な引退試合に辿りついていない。

盛大な引退興行を打つには、タイミングが必要で、有名選手なら誰でも成立するわけではないようだ。そう考えると、先に挙げた選手たちは、非常にラッキーなプロレス人生を送ったと言えるのかもしれない。

武藤敬司というプロレスラーを簡潔に語るとするなら「非の打ちどころがない、ベビーフェイスのスーパースター」といったところだろうか。

190センチ近い身長。筋骨隆々の肉体。顔も二枚目だ。運動神経抜群。ムーンサルトプレスを楽々と決める。そのムーンサルトプレスも、他の選手のそれとは一線を画す迫力で、全盛期においては、対角線のコーナーまで届かんばかりの跳躍力を誇っていた。ショーマンシップ溢れるパフォーマンスも様になっている。グレート・ムタという別キャラクターを演じ切る、芸達者ぶりも持ち合わせている。

その一方で、ファンの間で、シュートファイトの実力も密かに認知されていて、リング上が非常事態に陥っても「武藤敬司ならば対応できるはず」という信頼も得ていたと思う。

そして、そのおおらかでこだわりのない性格は、アントニオ猪木が退いたあとのプロレス界を、よりエンターテインメント性の高い方向へ、一気に舵を向けることができる、陽のカリスマ性があった。

もし90年代に、新日本プロレスが武藤敬司をエースとして全面的にプッシュしたら、ハルク・ホーガンがWWFで成し遂げたような、プロレスの変革を日本でもおこなえたのではないかと想像してみたりする。

武藤敬司は「プロレスは、ゴールのないマラソンである」とプロレスを定義した。プロレスを定義づける言葉を残した選手を、私は武藤のほかに知らない。

プロレスを定義づけるようなことは、前述

自己投影観戦記

した武藤敬司像からは、真逆のようにも思える。説得力をフィジカルに求め、言葉を弄することなど「めんどくせえ」とでも言いそうな武藤敬司である。しかし実際は、プロレスを定義づける言葉を残した唯一のプロレスラーが、前田日明でもアントニオ猪木でもなく、武藤敬司であるというのが、なんだかおもしろく感じる。

「プロレスは、ゴールのないマラソンである」とは、他団体の同年代について質問された際に語られた言葉だそうだ。

「トップを争うっていうのはさ、リングの中でも外でも勝負するってことなんだから。これはね、ゴールのないマラソンを走ってるようなもんなんですよ。ライバルが今どこを走ってるのかもろくに見えないし、ちょっとしたら同じ道を走っていないのかもしれない。たまに〝実況放送〟が聞こえてくると、あせっちゃうし、こっちはこっちでいつも意地とプライドで走り続けなくちゃいけない。プロレスを続けていく限り、このレースは終わんない」

「プロレスは、ゴールのないマラソンである」。これはプレイヤー側から見たプロレスの定義だ。プロレスは、単なる勝ち負けではない。いい試合をするだけでも足りない。自己プロデュースしてパブリックイメージを確立しなければならない。政治的な闘争も必要だ。そのすべてを時流に合わせて、やり続けなければ、トップの座は守れない。トップの座を争い続けるのが、プロレスラーという仕事である。それが武藤のプロレス観のようだ。

現実主義者で、常に率直な武藤らしい言葉だと感じる。そして、新日本プロレスを飛び出して全日本プロレスの社長になり、最後にはノアを索引することになる、これからの自分のプロレス人生を見事に暗示している。

武藤の言葉以外に、プロレスを定義する言葉には、ふたつの名言が存在する。それはもちろん「プロレスとは底が丸見えの底なし沼」と「プロレスはスタントマンのメロドラマ」のふたつである。

最初の言葉はもちろん、I編集長こと井上義啓の定義だ。これはプロレスを見る側からの定義である。プロレスは安易なショーに見えて、目を凝らすと非常にシリアスな本質が見えてくる。

プロレスを語ることを動機づけた「活字プロレス」を生んだ言葉だ。I編集長がいなければ、本誌も存在していなかったはずだ。

ふたつ目は、WCWを放送していたCNNの創始者テッド・ターナーの言葉である。ストーリーの中で、プロレスラーが身体を張る姿を見せるという、プロレスというエンターテインメントの構造を、見事に言い表した言葉だと思う。客観的にプロレスを定義づけた名言だ。また、プロレスの持つ「哀愁」も言い表しているように感じる。

ネットを見ると、この定義を前田日明が最初に発した、プロレスの堕落ぶりを表した言葉だと思っている人がいるようであるが、そうではなくて、これはプロレスの「スポーツエンターテインメント化」を推し進める原動力となった言葉である。

武藤敬司はプロレスを定義づけようと思って、件の言葉を発したわけではないだろう。心のままに語った言葉が、名言として残るところに、武藤らしい運の強さを感じてしまう。武藤敬司は「ゴールのないマラソン」を完走した。私のような「プロレスの定義」なぞに反応するファンも、そのうち消え失せるだろう。

KAMINOGE
MIX RULE MATCH

収録日：2023年3月6日
撮影：タイコウクニヨシ
構成：井上崇宏

プロレスとMMAのMIXルール対談。
ゴールデン☆スターの指名を受けた
お祭り男がひそかな悩みを吐露！

飯伏幸太［プロレスラー］
矢地祐介［総合格闘家］

「プロレスラーはみんな虚実がわからなくなっちゃっているんです。だから矢地さんは本当の素のままで突っ走るのが正解です」

「ボクはイキれないんですよね。もっとカッコつけて、背伸びした自分を見せたり発言だったりをしたほうがいいんですかね？」

「プロレスってボクからすると格闘技よりもずっと上、手の届かない存在っていうイメージなんですよ」（矢地）

――今日は飯伏さんから「矢地選手と会って話がしてみたい」とご指名が入りました。
矢地　そう聞きましたけど、えっ、なんでボクなんですか？
飯伏　いや、ちょっと今日は緊張してますね。
矢地　えぇーっ!?（笑）。それはないですよね。
飯伏　本当です。ちゃんと目が見られない。
矢地　なんですか、そんな（笑）。そんなたいしたものじゃないっスよ。
飯伏　あの、ツイッターをフォローされていないんですよね。ボクはずっとフォローしているのにそれが悲しいなと思っていたんです。
矢地　えっ、そんなことあります？（スマホを見ながら）あっ、本当だ。フォローしてくれてる（笑）。いま、フォロー返しました。
飯伏　ああ、よかった（笑）。
矢地　それで、どうして自分と対談していただけることになったんですか？
飯伏　いやもう、ボクは単純に会ってみたかったっていう。
――飯伏さんは、矢地さんのＹｏｕＴｕｂｅチャンネルも観ているんですよね？
飯伏　観てますね。それでフィジカルトレーニングのやり方とかもけっこう採り入れさせてもらっていたり。
矢地　あっ、初期の頃のやつですね。あー、嬉しい。
飯伏　最近の拳王選手とのコラボとかも観ていますし。当たり前ですけど、ＲＩＺＩＮでの試合も全部観ています。
――飯伏さんはもともとキックをやっていたというのもあって、格闘技オタクでもあるんですよ。
飯伏　ＭＭＡ、キック、あとは地下格闘技とかもすべて押さえていますね。ラウェイとかも。
矢地　ラウェイまで!?　すごっ！
――逆に矢地さんはプロレスを観たことってあるんですか？
矢地　いや、ほぼ観たことがないんですよ。もちろん有名なレスラーの方は知っていますけど、その方たちの試合もダイジェストとかで流れているのを観たことがあるくらいかも。
――じゃあ、知っているレスラーの名前を挙げていってもらってもいいですか？
矢地　ええっと、中邑真輔さん。棚橋さん。あとは武藤敬司さん、長州さん、蝶野さんとかのレジェンド系。あっ、オカダ・カズチカさんも知っています。ケンドー・カシンさんとか藤田（和之）さんもＰＲＩＤＥに出ていたから知ってますね。
――安田忠夫さんは？
矢地　あー、ギロチンチョーク！　そう言われたらけっこう出てきますね。プロレスってボクからすると格闘技よりもずっと上、手の届かない存在っていうイメージなんですよ。好きな人も多いし、コミュニティもしっかり構築されていて、いろんな団体があって、凄く華がある選手もいっぱいいて、みたいな。常に盛り上がっていますよね。

「矢地さんはしゃべりもうまいし、凄くフレンドリーな感じが漂っているというか陽のオーラがありますよ」(飯伏)

飯伏 でも、いまはプロレスよりも格闘技のほうが調子がいいんじゃないですかね?

矢地 えっ、そうですか?

飯伏 いわゆるドームで興行ができるっていう環境がプロレスは多いですから、「おっ!」ってなるものはありますけど、勢いで言うと格闘技のほうがいまはありますよね。

矢地 えー。まったくそういうイメージはなかったです。

飯伏 あと、プロレスは試合数が多いっていうのもありますから。

矢地 たしかにネットのニュースでもプロレスはよく目にしますし。

飯伏 だから横幅が広いんですかね?

矢地 とにかく世間での認知度は、格闘家よりもプロレスラーの方のほうが高いと思いますよ。テレビでの露出も多いからなのかな? 正直、自分みたいにプロレス自体は観たことがないけど、プロレスラーは知っているっていう方は多い気がします。ちなみに飯伏さんは格闘技好きを公言されていますか?

飯伏 公言していると思うんですけど、あまり浸透はしていないんですよ。

矢地 なんでなんですかね? 有名な人とかって「格闘技が好き」って言わないじゃないですか。芸人さんとか俳優さんの方って「プロレスが好きなんです!」とは言うけど、「格闘技が好きで、RIZINが」って言わないのはなんでだろう?と常々思っていて。

――それを言っても、テレビとかではあまり話が広がらないってことなんですかね。

矢地 「柔術やってます」とかはあるけど、「格闘技が大好き」って言ってくれる人はあまりいないんですよ。

飯伏 でもRIZINはけっこう話題にされているんじゃないですか?

矢地 ボクの体感としては、RIZINの認知はどんどん広がってきているとは思います。たとえば知り合いが「この人、RIZINに出てるんだよ」ってボクのことを紹介してくれたときに「へえー、RIZINに」ってなって、RIZINは知っていてもボクのことは知らないんですよ。「えっ、RIZINに? このコが?」みたいな(笑)。

飯伏　ボクは浸かりすぎてるから、そのへんの感覚がわからないですね。

——でも街を歩いていたら、「あっ、矢地選手！」ってなりますよね？

矢地　まあまあ、時にはありますけど、そこでもボクとRIZINがリンクしている人はけっこういなかったりで。

——えー。「インスタ見てます！」みたいな。

矢地　そうそう。「YouTube観てます！」とか。まあ、ボクのいまの活躍が下火だからだと思いますけど。やっぱり（朝倉）未来選手とか（那須川）天心くんとかが中心ですよ。ボクはもうひと踏ん張りなんで（笑）。

飯伏　ボクの場合は、街で「なんか隣にデカいヤツがいるなあ……あっ、飯伏か」みたいなことがけっこうありますね（笑）。

矢地　どうしてもガタイでバレちゃいますもんね。たしかに「デカいヤツがいるな……あっ！」っていうのはボクも多いかも。

飯伏　なんかジロジロ見られますよね。

——飯伏さんから見て、矢地祐介の凄いところってどんな部分ですか？

飯伏　やっぱり全体的におもしろいですよ。しゃべりもうまいし。なんか凄くフレンドリーな感じが漂っているというか、陽のオーラがありますよね。

矢地　そういう印象で届いているのなら、うれしいですね。

飯伏　だから話してみたいなって。「本当の真実はどうなんだ？」っていう。

矢地　あっ、外ヅラがいいだけなのかもしれないと？（笑）。

飯伏　いやもう、そうです（笑）。

矢地　「もしやコイツ、じつは……」みたいな（笑）。

飯伏　そこもあり、単純に格闘技リスペクトもあり、矢地さんの実力もあり。この3つが揃った感じなので会いたかったんです。フィーリングを知りたかった。

「ボクは『矢地祐介ステロイド』って予測変換が出てくるんですけど、やっていないです（笑）」（矢地）

矢地　いまの時代って、たとえば試合の煽り映像だけが先行したりとかするじゃないですか。ボクの場合だと多いのが未来選手との試合の煽りでお互いに言い合って、けなし合ってみたいなやつだけを観て「矢地はそういうヤツ」って思っている人が多いんですよね。

飯伏　ああ、なるほど。

矢地　それで「コイツは嫌な感じで、煽りもかますようなヤツだ」って思われている部分がけっこうあって。だからＹｏｕＴｕｂｅとかで「あっ、矢地さんって本当はこんな人だったんですね」っていうコメントが多かったんですよ。だから怖い時代っスよね。

飯伏　煽りとかに関してはボクらもやっているんでわかるというか、そこは別物ですよね。

矢地　でも、そこしか観ていない人もいますから。

飯伏　普通に知らない人はそこしか観ていないというか、それは盛り上げるためにやっているとかではなくて本気で言っていると思ってる。

矢地　まあ、そうやってガチだと思ってくれることが……実際にガチのときもあるし。

飯伏　そうなんですよね。本音もあり。そこの絶妙なニュアンスが。

矢地　でも飯伏さんにとって、自分が悪い印象じゃなくてよかったっス。逆にボクも今日お会いして「こんなにフランクな方なんだ」ってビックリしてますよ。

飯伏　あっ、ボク、そんなにヤバそうなイメージでした？（笑）。

矢地　いや、なんかもっとクールな感じなのかなと思っていました。

飯伏　えっ、クールじゃないですか？

矢地　あっ、いつもはどんな感じなんですか？

飯伏　こんな感じですね。適当です（笑）。

矢地　……なんかややこしそうっスね。近々、試合とかはあるんですか？

飯伏　ボク、肩の脱臼骨折で1年4カ月くらい欠場していて、それがやっと復活してきて、3月30日にアメリカで試合が決まっています。2連戦。

矢地　ボクのあこがれのアメリカで。連戦ってレスラーの人はやっぱタフですよね。キツそう。

飯伏　キツいですけど、それが普通ですね。まあ、〝打って〟ますから。

矢地　えっ？

飯伏　まあ、今日は打ってないけど。

矢地　えっ、レスラーの方って打つもんなんですか……？

飯伏　いやいや、打ってないですよ！　冗談です（笑）。

矢地　アッハッハッハ！　なんだ、ちょっと信じちゃった（笑）。

飯伏　そっち系は本当に興味がないですね。

矢地　そんなボクは「矢地祐介 ステロイド」って予測変換が出てくるんですけど（笑）。

飯伏　本当ですか？　いや、たしかに若干「これはどっちなんだろうな？」みたいなのは思ってました（笑）。じゃあ、そこは「シロ」ということで。

矢地　もちろんボクもやっていないです（笑）。だからそういう疑いの目もあるなら、検査する企画をＹｏｕＴｕｂｅでやろうと思ったことがあって、ドクターの人とかを介して試みたんですけど、やっぱり正式にやるにはお金も凄くかかるし、個人ではできないっていう話になって、オジャンになっちゃったんですよ。

「子どもの頃から恐怖心よりもチャレンジ精神とかのほうが勝ってて『頭から落ちてみたい！』って（笑）」（飯伏）

飯伏　個人ではできないっていうのは？

矢地　結局、抜き打ちとかでやるのじゃないと意味がないからです。

飯伏　あー、なるほど。検査前に抜いちゃえばシロだと証明できないと。

矢地　ボクとか飯伏さんみたいに肩幅がない人って、僧帽筋が盛り上がるじゃないですか。それで疑われがちなんですよね。ボクはハイクリーンとかをめっちゃやっていたのもあるし。

飯伏　ボクもカールとかを全力で挙げてやるんで、僧帽筋がピリピリするんですよね。

――でも矢地さんはいまは筋トレをいっさいやっていないとか。

矢地　うん。やめました。もう2年くらいやってないですね。

飯伏　ウェイトはもうやめました？

矢地　はい。やっぱりやりすぎて体重が増えちゃうのもよくないし、身体の柔らかさがなくなってきちゃうから身体も重いし。それでスピードとかも失われてきた気がしたので、ちょっとこれ以上は要らないなとなって、完全にやめて格闘技の練習だけでまかなっていますね。

飯伏　グラップリングとかでもけっこう力を使いますもんね。

矢地　そうなんですよ。格闘技の練習だけでつく筋肉っていうふうに考えて。

飯伏　その考えは自分もちょっと近い部分があるかもしれないですね。ボクも普段からプロレスに特化したトレーニングばっかりやっていて、それはいまケガでウェイトができなくなったっていうのも理由のひとつではあるんですけど、もともとがそうですね。ウェイトをやってもフォームとかを気にせずにやるっていうのを決めていて、ベンチプレスとかも「そんな動きはしないだろ」っていう感じでやるんですけど。

矢地　なんかそういう話を聞いたら、もうちょい若いときに格闘技をやってみてほしかったなって思いますよね。飯伏さんが背筋を測ったら300の針を振り切っちゃって、ちゃんとした数字を測れなかったって話を聞いたことがあって、そういうポテンシャルを持った日本人が重量級で世界と闘ったらどうなるんだっていう。プロレスが天職なんでしょうけど、総合とかをやっているところも観てみたかったっス。

飯伏　もう無理ですけどね。

矢地　でもレスラーの方は見栄えもちょっと必要じゃないですか？　線が細くてあまりにも実用的な筋肉だけだと見栄えが悪いから、難しいですよね。

飯伏　まあまあ、そこのバランスは難しいですね。

——飯伏さんはどうして見栄えをキープするだけの方向に走らなかったんですか？

飯伏　どうしてならなかった？　どうして……。やっぱ衰えたくはないじゃないですか。動きに衰えを感じさせたくないし、人として負けたくない。そんな気持ちがいまでもありますね。

——身体能力は生まれつき高いわけですよね。

飯伏　そうですね。

矢地　足は速かったですか？

飯伏　速かったです。なんて言うか、子どもの頃から恐怖心とかそういうのがなかったんですよ。恐怖心よりもチャレンジ精神とかのほうが勝ってて「やりたい！」っていう。「頭から落ちてみたい！」みたいな（笑）。

矢地　やば（笑）。

——ちなみに飯伏さんから見て、矢地さんってプロレスに向いていると思います？

飯伏　絶対に向いていると思います。

矢地　えっ、向いてます？

飯伏　ボクはそう思う。

「プロレスはハードだろうなあ。意外と回転系とか苦手ですから。でもこのロン毛は活きそうですよね」（矢地）

矢地　無理ですよ。「はい、スクワット1000回！」みたいなのは絶対に耐えられない。

飯伏　いまはもう、そういう感じではやらないですね。
矢地　でも下積み時代はもちろんやりましたよね？
飯伏　いや、下積みもボクは1回目の合同練習のときに「あっ、合同練習って必要ないな。もう行かない」って決めたんで。
矢地　それが通用するんですか？
飯伏　通用させました。「なんで、みんなと同じ動きをしないといけないんですか？」っていうことを力説したら、「えっ？」っていう空気になったので「あれ？」と思ったんですけど、「まあ、おまえはそれでいいや」って感じになって。
矢地　へえー、凄いなあ。
飯伏　あとはチケットのノルマとかもそうですね。デビュー戦で何枚売れとかあったんですけど、「いやいや、営業マンになったわけじゃないんで、売らないです」みたいな。
矢地　要するにそれが通じるだけの華と実力があったってことですよね。
飯伏　ですかねえ？
矢地　だって、よくわかんないぺーぺーのヤツがそんなことを言ったら、「はい！　じゃあ、もうやめちまえ！」みたいな話になりますよ。
飯伏　やっぱり自信はありましたね。矢地さんも格闘技を完全に辞めた前提で考えて、プロレスに100パーセント浸かったとしたら、絶対にいけると思います。

矢地　このロン毛は活きそうですよね。
――二代目・長州力（笑）。
矢地　あー、長州さんは専修大学の先輩ですから（笑）。
飯伏　レスリング部ではなかったですか？
矢地　もう中学から格闘技をやり始めていたので、レスリング部ではなかったです。でもプロレスはハードだろうなあ。ボク、意外と回転系とか苦手ですから。バック転とかちょっと練習すればできますけど、またすぐにできなくなっちゃうんで（笑）。
飯伏　でも、そこは意外と要らなくて、いちばん必要なのは〝喜怒哀楽〟なんですよ。凄く感情が豊かそうなので、プロレスもできるんじゃないかなって。
――たしかに矢地さんは感情が豊かです。困ったときの眉毛の下げ方が天下一品ですからね（笑）。
矢地　アッハッハッハ！　それ、自分じゃわかんないわ（笑）。
――困ったとき、すげえ困った顔をするんですよ（笑）。
飯伏　いや、マジでそういうのが必要なんですよ。ずっと痛いことをしてきているので本当の痛みもわかっているし、いろんな喜怒哀楽を経験してきていることがいちばん重要なので、そこを持っているのであればプロレスはできると思いますね。

ボクは合うと思います。

――あと矢地さんは学びの精神が高いですよね。何かを学ぼう、吸収しようってなったときののめり具合が凄いというか。

飯伏　なるほど。その学ぼうとする姿勢は喜怒哀楽とは別の部分で必要でしょうね。

矢地　ちょっとスピリチュアルな話になるんですけど、ボクは人生1周目なので、基本的に井上さんがよく言う「寝ちゃう」んですよね。「すみません、ボク、全然できないんですけど……」みたいなそういうタイプなんで、それが学ぶ姿勢になってるのかなって。自分の畑以外のところでは強がれないので、だからそれぞれのジャンルで「教えてください！」っていうマインドになれるんですよ。イキがれないんです。

飯伏　なんでイキがれないんですか？

矢地　えっ、なんで？　なんでですかね……。自分を大きく見せたり、カッコつけたりっていうのが苦手だからじゃないですかね。それがカッコいいとは思わないから。

飯伏　なるほど。やっぱりそういうのが上手な人っていうのは、基本は詐欺師っていうか。

矢地　まあまあ、それはどんな業界でもそうなんですかね（笑）。

飯伏　正直、自分でも自信があるのは、運動神経だったり、力だったり、肉体的なものだと思っています。それで手相とか占いとかは信じないんですけど、どの職が合っているのかっていう話になると、そういう系の人からはかならず「詐欺師」って言われますね。

「ボクはもう回り回って、どれが本当の自分なのかわからない。ひとりで部屋にいても演じてる」（飯伏）

――身体能力を活かした仕事ではなく（笑）。

飯伏　「あれ？」と思って（笑）。「詐欺師だったらいちばん儲かってますね」って。

矢地　ヤバいですね（笑）。ボクはインスタなんかはけっこう自由に、プライベートっぽい写真とかもあげるんですけど、たとえば3枚撮って、1枚は本当にカッコいい顔で、2枚目はちょっと半目しちゃってるみたいな。

それで3枚目もあんまり調子がよくない顔だったとき、その3枚の中からいちばんよくないのを選んで投稿しちゃうんですよね。恥ずかしいから。

――照れちゃう。

矢地　そう。そこでいちばんいいやつをあげたり、それこそいいものを身に着けてたりとかすることをアピったりするとかが、こっ恥ずかしくてできないから。そういう場合はどうしたらいいんですかね？

飯伏　いやでも、それはそれで強みがありますよ。ボクらには勝てないポイントだから。その素を出し続けると、それがもうリアルなんですよ。わかります？

矢地　はい。まあ、素ですからね。

飯伏　ファンはそこを応援したがるんですよ。

矢地　でも大半の人は、素じゃない人たちに食いつくことが多いですよね。だからいま凄く揺れてるんですよ。もっとカッコつけて、背伸びした自分を見せたり発言だったりをして、より多くの支持を得るのか、それともこれまで通りに自分の素を見せてやっていくのがいいのかって。

飯伏　絶対に素を見せ続けたほうがいいです。

矢地　あっ、本当ですか？　じゃあ、いっか。そこから素直なままで大衆の注目を浴びるにはどうしたらいいんですかね？（笑）。

飯伏　そこはもう突き進むしかないんですよ。けっこう性格はまっすぐですか？

矢地　どうだろ。

飯伏　まっすぐだとしたら、そのままドーンがいいですね。迷わずにもっとまっすぐにドーンだったら、これはもう振り切れているんですよ。

矢地　素でも。深いっスね。

飯伏　絶対にそっちのほうがいいです。間違いないです。

――飯伏さんはどうなんですか？

飯伏　ボクはもう回り回った。どれが本当の自分なのかわからない（笑）。私生活でも、ひとりで部屋にいて「あれ？　いま俺はプロレスラーだっけ？」みたいな。

――ひとりきりのときでもプロレスラー飯伏幸太を演じていると？

飯伏　演じてるんですよ。肩が痛いのをわかりやすく痛がってみたり、あとは起き上がり方とかも試合のときと同じだったりとか。

矢地　誰も見ていないのにですか？

飯伏　そう。誰も見ていないのに。

矢地　それは職業病みたいなものですか？

飯伏　そこで「どう？」みたいな感じもあるので、職業病だって言われたらそうなんでしょうね。

――だからプロレスラーって、どんどんいろんな境目がなくなっていくっていう。

飯伏　猪木さんなんかも見ていて、そこの境目がわからなかったです。どれが本当の猪木さんなのかわからなかったし、たぶん本人もわかっていないいんじゃないかなっていう。なんらかの症候群に陥っていますよね。

矢地　それって大変ですね。

――大変ですけど、でも本人が素の状態でいたいのかどうかっていうのも。

矢地　ああ、本人がね。
飯伏　その素っていうのはなんですか？
矢地　飯伏さんもそういうことになってきているんですか？（笑）。
飯伏　だっていまの、これが素ですもん。っていうところで「あれ、どっちだろ？」ってなるんですよ。ボク自身はいまのこれは素だよなって思うんですけど、みんな虚実がわからなくなっちゃっているんですよ。だから矢地さんは本当の素のままで突っ走るっていうのが正解ですよ。それが逆に貴重ですから。
矢地　わかりました！　ＬＩＮＥを交換してもらったりしてもいいですか？
飯伏　もちろんです。
飯伏　なんか、あんまり同世代の知り合いとかいないから、今日はうれしかったな。
飯伏　ボク、今年で41になるんですけどね（笑）。
矢地　えっ、41なんですか⁉　見えない！　若い！　なんかプリプリっスね！
飯伏　全然プリプリじゃないっスよ（笑）。
矢地　ボクよりもちょっと上くらいかなって思ってました。すみません、10歳近くも上だったなんて……（笑）。

矢地祐介（やち・ゆうすけ）
1990年5月13日生まれ、東京都文京区出身。総合格闘家。フリー。
中学生からKILLER BEE（のちのKRAZY BEE）で格闘技を始め、2008年の全日本アマチュア修斗選手権ライト級で優勝。修斗環太平洋ライト級王座、PXC47フェザー級王座を獲得し、2016年12月29日の旗揚げからRIZINに参戦を果たす。マリオ・シスムンド、ダロン・クルックシャンク、北岡悟、五味隆典、ディエゴ・ヌネスと対戦して5連勝をマークするが、2018年8月12日『RIZIN.12』でルイス・グスタボにKO負けを喫してRIZIN初黒星。その後もジョニー・ケース、朝倉未来に敗れて3連敗となるが、2019年12月29日『BELLATOR JAPAN』で上迫博仁をKOして連敗を脱する。その後、川名TENCHO雄生、武田光司、ボイド・アレンらに勝利するもホベルト・サトシ・ソウザ、大原樹理、そしてルイス・グスタボとの再戦で敗れる。2022年12月28日『INOKI BOM-BA-YE×巌流島in両国』で木村ミノルとのMIXルールでKO負けを喫した。

飯伏幸太（いぶし・こうた）
1982年5月21日生まれ、鹿児島県姶良市出身。プロレスラー。飯伏プロレス研究所所属。
キックボクサーを経て、2004年にDDTでプロレスデビュー。破天荒な空中殺法と打撃を武器に活躍する。2009年より新日本プロレスのジュニアヘビー級戦線に参加、IWGPジュニア王座を獲得するなどの実績を残す一方、DDTでは路上プロレスやキャンプ場プロレスなどで常識はずれのファイトをやってのける。2013年、プロレス界初となるDDT＆新日本の2団体同時所属となり話題を呼ぶが2016年2月に突如両団体を同時退団。その後は「飯伏プロレス研究所」を立ち上げ、事実上のフリーとしてWWEのクルーザー級トーナメント出場などを果たし、2019年に新日本に再入団。IWGPインターコンチネンタル、G1クライマックス2連覇、IWGPタッグ、IWGPヘビー、IWGP世界ヘビーの王座を獲得し、2021年10月21日、史上初の3連覇をかけて臨んだオカダ・カズチカとのG1優勝決定戦で負傷しレフェリーストップ負け。その負傷により長期欠場を余儀なくされ、2023年1月31日に契約期間満了により新日本を退団した。

兵庫慎司のプロレスとまったく関係なくはない話

第94回　俺が継ぐべきなのか？

先日、立川で飲んだ。そのあたりの住人である友人が予約したのは、町中華とガチ中華の間くらいの店で、何を食っても旨くて、もう大当たりだったのだが。友人曰く、カウンターの中で中華鍋を振っている男性は、店主になってまだ半年だという。もともとは、老夫婦が40年以上の長きにわたって営業していたが、高齢のため続けるのが難しくなった時に、常連だった彼が「この味を守りたい」と手を挙げ、味を変えないために店主の下で修行し、店を譲り受け、リニューアルオープンしたのだそうだ。

そういえば、昨年の秋頃、Hi-STANDARD／NAMBA69の難波章浩が、地元新潟でラーメン屋をオープンしたことが、テレビ等で何度も報じられていた。子供の頃から通い続けていたラーメン店が閉まることになり、どうしてもあきらめられず、この味を次代へつなぐために、仲間たちと共に店主に弟子入りして作り方を身につけ、開店したのだという。店名も場所も違う新しい店であるところが、立川のケースとは異なるが、弟子入りして味を受け継ぐ許可を得ているのだから、これも「継いだ」の範疇だと言っていいと思う。

あと、下北沢の大人気老舗カレー店、茄子おやじもそうだ。店主が埼玉の小川町に越す時に、従業員に「継がないか？」と声をかけ、下北沢からこの店がなくなるのがイヤだと思った彼は、引き受けることを決意した、という。

うぅむ。そうか。じゃあやはり、継ぐべきだろうか、俺も。

何を。銭湯を、である。現在自分が居住している三軒茶屋～三宿エリアには、東京に出て来た22歳の時（1991年です）から4年ほど住み、引っ越して別の街に住んだあと、10年前に戻って来たのだが。22歳の頃からあった店の数々が、この10年で、立て続けになくなっているのだ。店主の高齢化、でも跡継ぎいない、大手スーパーに食われる、等の問題は、この地域に限った話ではない。どこにいても同じこと（↑ザ・ストリート・スライダーズ復活の喜びを込めて『Back to Back』の一節を入れてみました）なのはわかっているが、にしても、特にコロナ禍以降の加速っぷりがすごい。この半年で、豆腐屋と天ぷら屋が

兵庫慎司

（ひょうご・しんじ）1968年生まれ、広島出身・東京在住、音楽などのライター。ちなみにその銭湯、近隣在住と思しきミュージシャンや芸人さんもよく見かけます。あと、僕は見かけたことはないが、某女優もよく来るそうで、彼女のポスターが何枚もロビーに貼られていて、「ご希望の方は差し上げます。ただし右端の一枚は店主のお気に入りなのでNG」という但し書きが付いていました。後日、その一枚を残して他はなくなっていました。

立て続けに閉まった。天ぷら屋は、営業日が週に4日になり、3日になり、土日だけになり……というカウントダウンの末の閉店だった。高齢で体力的に無理、ということが、そのカウントダウンが進むたびに、貼り紙で強調されていた。

で。このエリアの店の中で、自分内「なくなると困る」チャート第1位である銭湯が——天ぷら屋よりも長い時間をかけてじわじわとだが——カウントダウンに突入中なのである。毎週、土曜と隔週金曜が休みだったのが、毎週金土が休みになり、最近、第三木曜も休むようになった。それを知らせる貼り紙には、いつも「高齢のため体力の限界で」的なことが書かれている。毎週木金土が休みになるのも時間の問題、あるいは、一足飛びに、という可能性も……店のスタッフは、店主のじいさんと番台のばあさんふたりで、3人とも……言葉を選ばないといけないな、ええと、そうね、僕の両親は86歳と81歳で、幸いまだ元気だが、いつ何があってもおかしくないエリアには両足をつっこんでいる。見た感じ、それと同じくらい、と言えばいいでしょうか。

昨今のサウナブームで、僕の知る限りでは今がいちばん繁盛しているので、経営的には心配なさそうだが、その繁盛による労働量の増加が、店主にさらなるダメージを与えている可能性もある。いや、「可能性もある」じゃないな。きっとそうだろうな。

子供や孫がいるのかどうかは知らないが、それらしき人を見かけたことはない。

どうでしょう。いつなんどき閉まってもおかしくないでしょう、これは。僕は銭湯経営をしたいわけではない。むしろそんな大変なことやりたくないが、この店が存続不可能になった時に、閉まるのを指をくわえて見ていていいのか、という話なのだ。

最近、そんなふうに跡継ぎがいなくなった銭湯を引き受ける、「失われゆく銭湯文化を残したい」みたいな、業者と呼ぶには志の高い、若い方々が、関東圏にも関西圏にも存在することは知っている。彼らのうちの誰かが、いや、他の誰かでも、継いでくれればそれでいいのだが。そういう人たちって志が高いがゆえに、きれいに改装したり、クラフトビールを置いたり、Tシャツやサウナハット等のグッズを売ったり、銭湯でライブやDJイベントを催したりしがちなのだが。でも、文句言いません。

ただ、そんな彼らが発見してくれなかった場合、どうする。血を分けた遺族が「閉めます、壊して土地を売ります」というジャッジをする場合はあきらめるしかないが、「地域のために残したいんだけど、自分でやるのはねえ。誰かやってくれないかしら」みたいなことになった時、誰も名乗り出なかったら、壊すしかないじゃないですか。

という時にですね。勤め人でもないし高収入でもない、というかそもそも働いてるんだか働いてないんだかわからない奴だから「継ぐ引き換えに捨てざるを得ないもの」がほぼない。子供等の扶養家族がいないので、背負っている責任も軽い。という僕のような奴、「なかなかいない」レベルで、条件が揃っているのではないか。銭湯経営の能力があるかないかを、棚に上げておけば。

というようなことをモヤモヤと考えつつ、平日のなるべく混まない時間を狙って、その銭湯に足を運ぶ日々なのだった。で、行くたびに、「閉店のお知らせ」が貼られていないことを確認して、ホッとするのだった。

おもしろい人はなぜおもしろいのかを
調査する好評連載・第26回

収録日：2023年3月13日
撮影：タイコウクニヨシ
聞き手：大井洋一
構成：井上崇宏

メッセージ性なし！　伝えたいものはゼロ！
こだわりはいっさいない！
ウケればなんでもいい!!

ネルソンズ

［和田まんじゅう・青山フォール勝ち・岸健之助］

「今年もキングオブコントに出ようと思っているんです。
去年は優勝できると思っていたので
今年でダメだったらもう無理でしょう。
ただ、もう1回だけやらせてほしい。
マジで今年がラストイヤーです」

2016年のこと。

ネルソンズとして芸人活動をしながら東京・中野にあるトイカツ道場でキッズレスリングの指導をしている青山くんが、SNSで『余っているレスリングシューズをお譲りいただけないでしょうか?』と募集をしていました。それまで裸足で練習をやっていた子どもたちに、さらに本格的にレスリングの練習をさせたいということで、いきなりみんなに買わせるのも敷居が高いので、レスリングシューズに慣れてもらって、そこから買う人が出てくれたらいいなという第一歩でした。

ボクはそれを見て、娘と息子が履けなくなったシューズをあげたのですが、そこから青山くんはさらに熱心にレスリング指導を開始し、他のクラブへの出稽古にも積極的に参加し、地方大会に引率し、芸人のかたわら、熱心にキッズへの指導を続けてきました。

それから6年経った2022年。

このトイカツ道場から初の全国チャンピオンが誕生しました。シューズすら履いていなかったあの子たちの中から、全国チャンピオンが生まれたのです。指導者としての青山くんの手腕と情熱には感心しかありません。

その年、当のネルソンズはキングオブコントでチャンピオンになれなかったけど、とにかく売れるカウントダウンに入っている3人なんです。(大井)

「ボクは和田と岸のふたりで出て行ったほうが、平場とかドッキリもおもしろいと思っているんです」(青山)

――ネルソンズとして最近はどうですか?
和田　ぼちぼち、小忙しい感じですね。
青山　それこそ、ここ最近で言ったら大井さんもやっている『チャンスの時間』(ABEMA)での岸の活躍とか(笑)。
――あそこでの大喜利で岸さんの才能が開花しましたね(笑)。
岸　ありがとうございます! でも本当にあそこだけで。
――なんで、あそこでしか注目されていないんだろうって思うんですけど、ほかではウケないんですか?
岸　なぜかわからないけど、本当にウケないです。
青山　でも岸は〝座王〟にもなっていますから。
――そうですよ。『千原ジュニアの座王』(関西テレビ)で優勝ですよ。
岸　座王になってはいますけど、先週収録に行ったらちんちんにスベりまして。それと(千鳥の)大悟さんがよしもとのLIVE STAND福岡の大喜利コーナーで、ボクと和田を大悟さんチームに選んでくれたので9000人の前で大喜利をしたんですけど、そこでもめちゃくちゃスベって9000

人が黙っちゃうっていう。

——えーっ？　そんなはずはないんだけどな……。あのスタジオでのクオリティと同じものを出してます？

岸　同じなんです。

——同じ脳みそで？

岸　同じ脳みそで。こんなことを言うとあれですけど、『チャンスの時間』のスタジオでしかウケないんですよ。

——だとしたら、あそこは岸さんにとってあまりいい環境ではないですね。「クズかわいい笑点！」でみんなが着物を着てやるところに飛び込みで入ってきて、着替える時間もないから私服で出て、おもしろいことだけを5、6個言って帰って行ったときは仕事人みたいでカッコよかったですよ。

岸　だからちょっと勘違いするんですよね、あのスタジオ。

——だから我々は「大事に使って、ほかで花が開いたときにもう1回帰ってきてもらおう」っていう話をよくするんですけど、どこにも行く気配がないんですよ。

青山　アハハハハ！

和田　高野（きしたかの）とかはけっこうほかでも花開きましたよね。

——そうですよ。だから岸さんも座王で花開いて、そのままいくのかなと思ったんですけど。どうなってるんですか？

岸　ボクはまだその段階じゃないですよ（笑）。

青山　もうちょっと『チャンスの時間』で育ててもらえたら（笑）。

——トリオって、3人同時に売れるっていうのは難しいじゃないですか。だから、まずは和田さんが注目されて、横に青山さんがいて、そこから岸さんが注目されて、みたいな流れで3人で呼ばれるパターンになるのかなと思っているんですけど、現状、和田さんがかなり呼ばれていますよね。

和田　そうですね。

——やっぱり目標としては3人で売れて評価されたいですよね？

青山　コントはそれがいいかもしれないですけど、バラエティとかだと3人で呼ばれるっていうことがあまりないので、ボクは和田と岸のふたりで出て行ったほうが平場とかドッキリもおもしろいと思っているんですよ。そこさえ知れ渡ったら、ふたりはここからけっこう行くんじゃないかって。

岸　逆に和田は「ドッキリは絶対に青山と岸ふたりのほうがいい」って言うんですよ。それって単純に自分がドッキリをかけられたくないからだと思う（笑）。

和田　いやいや、そんなことないよ。

青山　回数減らしでね。「青山と岸のほうがおもしろい」って、そんなわけないから（笑）。

KAMINOGE

「『俺ってカメラの前でデキちゃうんだ……』と自分が怖くなっちゃって、もうエロは無しにしてもらっているんです」（和田）

――やっぱり和田さんはドッキリをかけられるのは嫌ですか？

和田　めちゃくちゃ嫌です。もう日常生活でも何が本当なのかわからなくなってきて、番組でロケに行っても「これ、どっちなんだろう？」って思うようになってきて。

――「この段取りの悪さ、ひょっとしたらドッキリかもしれないな……」みたいな（笑）。

和田　そうしたら普通に終わって帰るんで、「じゃあ、もっとちゃんとやればよかったな！」って（笑）。いまがいちばんわけがわからない状態です。

――ドッキリのマジNGってあるんですか？

和田　高いところ、とんがった尖端、虫、それとエロ。

――エロもダメなんですか？

和田　ちょっとやらかしてしまったことがあって……。それはドッキリじゃなかったんですけど、再現VTRで午前中に彼女とのデート再現を撮って、午後からは彼女の家で彼女が見ている中で浮気相手とコトが起こるっていうシーンを撮ったんですよ。そこで実際にその彼女役の人も見ているっていうので、なんでか本当にビンビンになっちゃって、「俺ってカメラの前でデキちゃうんだ……」とそんな自分が怖くなっちゃって。

青山　才能あるよね（笑）。

――そんな自分の才能が怖くなった（笑）。

和田　そこでちょっとエロはまずいなと思ったのと、もう1個は「AV女優が楽屋で連絡先を聞いてくる」みたいなドッキリで、その女優の方が出ているタイトルをVRでボクが観させられて、おっぱいを揉んだら大鶴肥満（ママタルト）だったっていうドッキリだったんですけど、そこでも本当に勃っちゃって「これはもうダメだな……」と思って、もうエロは無しにしてもらっているんですよ。

――やっぱり和田さんはファニーでかわいいっていう印象であってほしいから、たしかにチンコを勃たせられちゃうと怖いですね（笑）。

和田　引きますよね。ボクが勃ったら終わりですもんね。

青山　でもスケベなことも言っていきたいんだよね？

和田　まあ、ゆくゆくはね。楽しいですから。あとは恋愛番組とかもいちばんテンションが上がるんでやりたいですね。あいのりとか、ABEMAのやつみたいな！

――ネルソンズのリーダーは青山さんなんですか？

青山　ボクはそのつもりでいます。

和田　連絡係をしてくれるからね。
岸　けっこうマメでリーダー気質ではあるんですよ。
青山　「リーダー気質では」ってなんだよ（笑）。
――気質はあるけど認めてはいない？
岸　いやまあ、「リーダーをやっていただいている」っていう感じですかね。
青山　本当にふたりともできないんで、必然的にボクになっているだけですよ。
和田　そ……そうだね。
青山　不満ありそうだな？（笑）。
和田　いやまあ、いろいろやってもらってるんで言いづらいんですけど、もうちょっとボクら相方とかに興味を持ってもらいたいなっていう。意外と自分が大好きで、自分だけって感じが多いので。
青山　そんなわけないよ（笑）。
――「もっと俺たちのことも見てくれ」と（笑）。
岸　でも基本ネタも書いてもらっているんで。
和田　だからあまり言えないんだよねえ。
青山　いやいや、コイツらに興味がなかったらネタなんか書けないですよ（笑）。
岸　まあ、そういう意見もあるよね。

「ボクのがんばりがもうちょっと伸びれば『ここは俺が行ってもいい？』ってガッと言うのかもしれない」（岸）

――青山さんはふたりを見てどうなんですか？
青山　本当にここ数年は「自分はいいから、和田と岸が出てくれればいいいな」という思考に変えましたね。和田と岸が出れば、ボクはそれなりにカネを稼いでうまくやっていけるだろうなと。それで和田がここ数年行ってくれていて、岸もちょっと出だした。だんだんとボクの思い描いていた形に近づいているはずなのに、最近「あれ？　俺はこのままで大丈夫かな？」って思い始めたんですよ。
――不安になってきたと？
青山　急に不安になってきたんですよ。「じゃあ、俺は何をしようかな……」って思っています。
――ふたりが売れるってことにジェラシーはないんですか？
岸　もともとはあるタイプだよね？
和田　青山ってここまでずっといちばんで来た人間なので、本当はいちばんになりたいんですよ。
――東京０３の飯塚さんみたいな感じ？
和田　たぶんそうだと思うんですよ。
青山　う～ん。でも和田に対してはジェラシーはないですね。

和田は小学校のときからずっと点決め屋で、昔からその関係性なので絶対に勝てないですから。

——じゃあ、3人の中で推しているのはまずは和田さんだと。

岸　そこに異論はないです。そこでボクのがんばりがもうちょっと伸びれば「ここは俺が行ってもいい？」ってガッと言うかもしれないですけど。

青山　絶対にそっちのほうがいいよ。可能性は全然ある。

岸　「ここは俺が行けるわ」っていう確固たる自信があればいいんですけど。

青山　まあ、いまは岸をひとりで呼ぶっていうのはだいぶ不安だと思いますよ。

——「スベるときもあるのかい！」って思いますからね。

和田　ライブとかでもあまりウケないもんね。

青山　その振り幅が凄いよ。でも「岸はハネるときはハネるし、スベるときはスベるから」ってまわりも知っているんで。

——「今日はダメな日だったな」みたいな。

和田　でも岸は乗ると強いよ。

——トリオの中でのパワーバランスはどうなんですか？

岸　やっぱ青山が強いと思いますよ。

和田　いちばん強いと思います。何かを決めるのは絶対に青山ですから。

——青山さんは厳しいですか？

和田　厳しいです。

青山　でも自分が決めてはいますけど、和田の表情をうかがいながら決めていますね。

岸　あー、絶対それもあるなあ。

青山　やっぱり和田はメンタルの浮き沈みが激しいから、あきらかにやりたくないネタとかのときは顔にすぐ出るんですよ。そこで「あっ、このネタは間違ったな」って思いながら。

岸　新ネタライブの新ネタを青山が書いてきて、それを和田に発表するときに「緊張してんな、コイツ」ってちょっと思いますね（笑）。

和田　いや、ちょっとボクのことを難しい感じに言われていますけど……まあ、たぶん合ってます。

——和田さんが乗らないネタっていうのは何が不満なんですか？

和田　なんですかね、「ウケないだろうな」って思っちゃうんですよ。でもあまりないよね？

岸　いや、新ネタライブのネタのうち1本は絶対にそういう顔をしてる（笑）。

和田　じゃあ、すみません、それは。

「去年のキングオブコントで負けましたけど、ボクは今年も出ようと思っているんです」（青山）

——岸さんはネタに対しては何も思わないんですか？

岸　ボクはコントに関しては指導を受ける立場なので、もう根掘り葉掘り聞きますね。1回合わせてみて、「あれ、なんか違うって顔をしているな」とか。それがやっぱわかるんで「どんな感じ？」っていうのはすぐに聞きますね。

青山　岸の使い方がめっちゃ難しくて。

——岸さんは当初はツッコミとして入ろうとしたんですよね。

岸　最初はそうですね。

和田　でもツッコめなくて、それはたぶん本質的に無理で、「岸は岸」っていう感じになっちゃいましたね。

——岸は岸（笑）。

岸　ボクがツッコミをやらなくなったネタのほうが格段に伸びていますから（笑）。

青山　だから岸に負担を与えないというか、「岸にできないことはやらせない」っていうのになっていって。ネルソンズはボクがフリボケで、和田がツッコミなんですけど、岸にはもっとフリの部分をやってもらうとか。

岸　登場人物って感じだよね。

青山　コントで言うと、去年のキングオブコントで負けましたけど（決勝で4位）、ボクは今年も出ようと思っているんですよ。でも相方がどう思っているのかはちょっとわからなくて。

——えっ、「キングオブコントはちょっともういいかな」みたいなのってあるんですか？

岸　ボクは出るものだと思っていますから、青山がやる気ならそれはボクだってやる気ですよ。

——従うまでだと。

和田　ボクは「いいネタができたら」っていう（笑）。

青山　ズルくないですか、これ？　ボク次第なんですよ（笑）。

——だってネタは青山さんが作って、それができるのを待つわけじゃないですか。和田さん的には何が嫌なんですか？

和田　なんか「ひと時代が終わる」っていう感覚があって。

——どういうことですか？

和田　けっこう兄さんたちを見てきていて、時代が変わるっていうのを実感したくないんですよね。

——「あれ、今年はウケねえな」「去年がピークだったな」みたいな？

和田　「こんなにおもしろい人が準々でウケないんだ？」とか思って凄くさびしくなるんですよ。それだったらいいところで終わったほうがいいんじゃないかなっていう。

青山　その気持ちもめっちゃわかるんです。正直、去年は優

勝できると思っていたんで、今年で無理だったらもう無理だろうなって。なので和田が言わんとしていることもわかりますけど、「ただ、もう1回やらせてくれ」っていうのがボクの思いですね。

――そうですよね。

青山　でも本当に今年がラストです。この場をお借りしてボクは相方にも言いたいですけど、マジで今年がラストイヤーです。

――やっぱりああいうコンテストに出るっていうのは、かなりすり減ることですか？

青山　そのコンテストがなくなったときに次の動きを考えるのかなって思っちゃいますね。

――ああいう場があると「ネルソンズっておもしろいね」って思えるというか。コンテストでネタを観て「和田は追い込まれたときにおもしろいよな」とか「3人で掛け合ってるときがおもしろいな」とか、そういう確認をする場なんじゃないかなと思うんですよ。

青山　まあ、そうですね。

――その場がなくなると、平場でよっぽど売れなきゃいけないというか。

青山　それこそ岸が『チャンスの時間』や『座王』に出だしてから、岸がネタでウケるようになってきたから、いま岸がちょっとウケるようなネタを作っていて、ここでうまく乗っかればいいなって探っています。

岸　それ、ちょっといま初めて言われたんで……（笑）。

――どう受け止めていいかわからない（笑）。

岸　相方がこんなふうに言ってくれるなんて、ちょっとうれしいです（笑）。

「べつに伝えたいものがないもんな（笑）。こだわりとかいっさいない。ウケればなんでもいい」（和田）

――普段は3人でこういう話ってしたりしないんですか？

和田　話さないですね。まあでも、キングオブコントの決勝終わりでタクシーに乗っているときにしゃべったよね？　そこで初めてちゃんとしゃべったかもしれないですね。

青山　和田とは話しました。岸には言ってないですけど（笑）。

――話してあげてくださいよ（笑）。

岸　キングオブコント終わりって、それ、いちばん熱そうな場所やん（笑）。

青山　あれはおととしか？

和田　かな。タクシーの中でしゃべったよね。

――いろんな芸人さんがいて「とにかくネタでがんばっていきたい」っていう人がいますけど、ネルソンズはどういう活躍の仕方をしていきたいんですか？
青山　ボクはやっぱりテレビに出たいですね。だから難しいのはわかってるんですけど、キングオブコントで優勝しておけばラクだろうなって。
――ネタで日本一になりさえすれば。
青山　こんなこと言いたくないんですけど、キングオブコントの決勝で2番目に出てやって負けているのが悔しくて。だからもう1回決勝に行って、違う順番でやっても負けたときにようやく納得できるんだろうなって、ちょっと自分の中で言い訳しちゃっている部分もあって。
岸　どっちと言えば、ボクらはテレビに出たい派の芸人ですね。劇場も大事ですし、ネタもしますけど、単独ライブで全国をまわりますっていうタイプではなく、メディアにめっちゃ出たいタイプのトリオだと思います。
――でも最近はライブ重視の人が多いですよ。
和田　でも、べつに伝えたいものがないもんな（笑）。
岸　ネタにメッセージ性はないよな（笑）。「これはおもしろいでしょ？」っていうのはあっても。
青山　「こういうおもしろいことをしたい」っていうのがないんですよ。コントもウケればなんでもいいんですよ。
和田　マジでそう。こだわりとかいっさいない。ウケればなんでもいい。
岸　まあ、やっていてつまらないっていうのは嫌ですけどね。
――ほかのトリオは意識したりしますか？
和田　前はしてましたけど、いまはまったくしなくなりましたね。なんでだろうね？
岸　ちょっと意識していたトリオが、もう背中が見えないくらいの人たちになっちゃったっていうのもあるかもしれない。他事務所で言えばハナコとか、あとはジャンポケさんやパンサーさんもまたちょっとボクらとは違うじゃないですか。そのへんの方はもう意識しなくなったかもしれないですね。
――そもそも青山さんと和田さんがコンビでやっていたところで、なんでトリオになったんですか？
和田　ウケなくて、それでボクらの仲が悪くなって解散したんですよ。
青山　それから1年間、別のコンビでやっていて。
和田　それが同期ライブ終わりで「もう1回やれよ」みたいな話になって、青山もボクも両方ボケだからウケないっていうのもあったんで、ツッコミを入れたいなと思っていたら「いい天才ツッコミがいる」って言われて来たのが岸です。岸はボクらと同期だったのに存在も知らなかったんですけど、でも青山は認めてなくて。
青山　認めてないっていうか、ボクは和田とふたりでやりたかったんですよ。だから「変なヤツが来たな」と思って。

和田　とにかく夜に中野のマックで3人で会おうとなって、4人のテーブル席にボクと岸が向かい合わせで座ったんですけど、青山はボクのうしろの4人テーブルの席に背中を向けて座ったんですよ。そんなあからさまに嫌なのをアピールするかっていう。

青山　そこでうしろから聞くのがよくなかったのかもしれないです。その日のうちにふたりが仲良くなっちゃって、岸も「おっ、やりたい!」となっていつの間にか決まっていたんで、「うわっ、ミスった。ちゃんと話し合いに入るべきだったな」って（笑）。

和田　そのまま15年が経った（笑）。

「ボクは品川さんに言いました。『あんなうまい文章で誘わないでくださいよ』って。パンフレットと全然違いましたよ」（岸）

――ちゃんと邪魔しておけばよかったなと（笑）。岸さんとしてはツッコミがしたかったんですか?

岸　いや、ただ「ちょっと会って話してみようよ」みたいな感じで中野のマックに行っただけで、そんなオファーはいっさい聞いていなかったです。だからコイツらは天才ツッコミとして登場したと思っていますけど、ボクはべつにノーマル岸で（笑）。

――もともと岸さんはお笑いをどういうふうに思ってたんですか?

岸　やっぱ好きでしたよ。笑金（『笑いの金メダル』）で千鳥さんのネタを観ていて「すげえ、おもしれえ!」と思っていて。まあでも、金持ちになれるかなと思って入りましたけど（笑）。品川さんのブログを昔読んでいて、こんなに毎日が楽しそうで、いいクルマに乗って、いい家に住んで、後輩と毎晩飲んだり、鍋をしたりしてっていうのが。

――学歴不問で（笑）。

岸　学歴不問で（笑）。なので「あっ、こんなに楽しそうな世界があるんだったら俺もやりたい」ってことで入ったら、だいぶ苦労していますね。

青山　芸人はみんなそうだけど、入ってみて「こんなにやることがいろいろあるんだ」って思うもんね。もっと楽しい世界だって思っていたから。

和田　わかるわ。

青山　それまで勉強もしてこなかったのに、なんでこんなにも机に向かってネタとかを書いてるのかなって（笑）。

――勉強したりとかできないからこっちに来ているはずなのに（笑）。

和田　朝もめっちゃ早いし。

青山　仕事が増えれば増えるほど、思ってるよりも早いもんな（笑）。

岸　夜も遅いし。ウケないし。

――ウケないときもあるし（笑）。だから品川さんの頃はもっと派手に遊べていた時代ですよね。たぶんネルソンズぐらいの世代からはそれがだいぶ厳しい風潮になって。

岸　っていうのもボクは品川さんに全部言いました。「あんなうまい文章で誘わないでくださいよ」って。パンフレットと全然違いましたよ（笑）。

和田　俺らももっと遊んでいいよな？

岸　遊んでいいよ。

青山　和田はいいじゃん。離婚したんだから。

和田　せっかく離婚したんだからな。

岸　自分で「せっかく」って言うなよ、おまえ。

和田　なんかもっとまわりの人も遊んでいいと思うんですよ。

岸　昔ほど言わないだけで遊んでるんじゃないの？

青山　昔は楽屋でこんなおねえちゃんと遊んだとか言ってたけど、いまはもう聞いたことがないもん。恥ずかしいよね。

――遊んでいる感じがするのはちょっと痛いなっていう風潮ですよね。

和田　いやー、モテたいですね。ボクらは1回もワーキャーがないので。本当に一瞬もなかったよね？

青山　一瞬もないね。

――えっ、そうですか？　青山さんはよしもと∞ホールのリーダーですよね？　∞っていうのはかつてオリラジが爆発的な人気を誇っていて、それに続く若手芸人がワーキャーされている劇場っていう印象なんですけど。

岸　当時はそうでしょうね。

青山　いまはまったくないですよ。ただ仕切っているだけです（笑）。

――ただ後輩から「うるせえな……」って思われているだけ（笑）。

和田　本当にそうだよね。マジで。

青山　でもワーキャーが一度もないのにここまでやれてるのって、ボクらが初じゃないですか？（笑）。

「記憶もないんですけど、小学5年のときの文集に『よしもとに入る。和田と行く』って書いてあったんですよ」（青山）

――ワーキャーがないわりにはがんばっていると（笑）。

和田　がんばってると思いますよ、本当に。アタック西本（ジェラードン）さんと3年くらい毎月トークライブをやっているんですけど、最初は8人くらいのお客さんがいまは80～100人くらい来るようになってきて、ただ半分以上が男なんですよ。なんかもう女性には好かれないのかなと思って。

青山　やっぱりお笑いの華やかさに憧れて入りましたからね。ちっちゃい頃からずっと『めちゃイケ！』のオファーシリーズとかを観ていて、お笑いでジャニーズの舞台に出られたり、芸能人といろんなことができるんだと思って。芸人になったらなんでもできると思ったんですよ。

――『めちゃイケ！』とかを観ていていいなと思ったのは、やっぱり岡村隆史さんですか？

青山　岡村さんですし、あのオファーシリーズですね。もうビデオが擦り切れるくらい観ましたもん。いま観ても次に矢部さんが何を言うか、その次に岡村さんが何を言うかまで全部言えるくらい。でもネタも好きで、正月の『新春！爆笑ヒットパレード』とかも全部録画していたし。

和田　青山はＴＩＭさんのネタをほぼほぼ完コピできるもんな。

青山　こないだ実家から文集が送られてきて、小学校５年のときに「よしもとに入る。和田と行く」って書いてあったんですよ。なんの記憶もないですけど。その翌年にも「和田と行く」っていうのがあって。当時からずっと和田とお笑いをやると決めていたみたいですね。

――へえー。和田さんはどうだったんですか？

和田　ボクはあまりお笑いには興味がなかったですね。『笑う犬』と『めちゃイケ！』くらいで。それが青山が東京の大学で４年生の夏に誘ってきて、ボクはトラックの運転手をやっていたんですけど。

――地元にいたんですか？

和田　はい。島根にいて、それで最初は断ったんですよ。でも青山がまわりの友達とかを使い出して「行かないと寒い」みたいな空気になってきて、「じゃあ、行ってみようかな」と思って。

――追い込まれたわけですね（笑）。島根で働いていて、それを辞めてゼロから東京に来てお笑いをやるってけっこうなチャレンジじゃないですか。

和田　けっこうなことです。だからおばあちゃんとかはめっちゃ怒ってて。

青山　あー、怒りそう。

和田　「ダメだ」って。だからボクも「学校だけ行ってすぐに帰ってくるよ」って言っていたんですけど、最初のネタ見せで、好きなコの椅子をかじるっていうコントをやったんですよ。普通は匂うとかなのにかじったみたいなネタで、最後にふたりが相撲を取って死ぬっていう。ボケも何もないんですけど、それをやったらめちゃくちゃウケたんですよ。

青山　ＮＳＣでめっちゃウケてたんですよ。それで「あっ、これ、いけるわ！」と思って（笑）。

――思ったよりも簡単だなと（笑）。

和田　島根ではそんなウケるという経験がないんで。

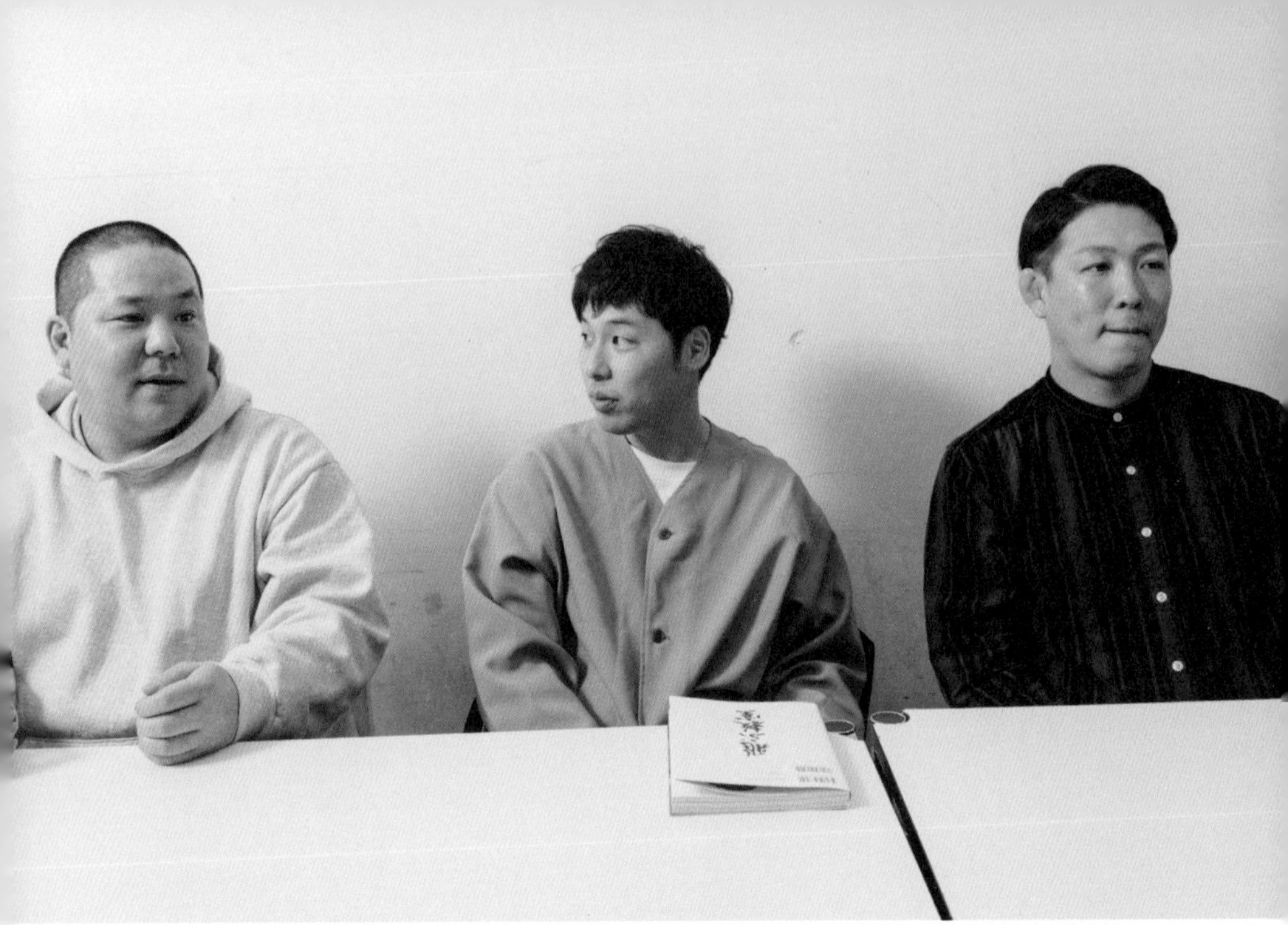

——ネタをやること自体が初めてですよね。

和田　はい。だから本当にヤバいクスリをやったみたいな感じでバーンとなって、「これはヤバいわ！　やめられない！」となってから15年が経ちます。

青山　NSCでウケていなかったら、もっと早くに辞めていたかもしれないな。

——そこからネルソンズとして評価されるまでは、けっこう時間がかかったんですか？

和田　めっちゃかかりました。

青山　ただ、ボクが思っていたのは仕事は1回も減っていないんですよ。めちゃくちゃ少ないんだけど、もともと月1本しかなかったのが次の年には2本になっていて、「あっ、減ってねえしな」っていう感覚があったんで。なんかゆるく登ってはいるんだろうなと思っていたから、途中で辞めていないのかもしれないですね。

「ヤンキーではなく、めっちゃ悪いことはしてないです。一般的な悪いことです。でもひと通りはやった」（和田）

——ところで青山さんが、すっかりキッズレスリングの指導が中心の活動っぽくなってるのはどうなんですか？（笑）。

岸　あれ、わらけますよね（笑）。

――だって日曜日に地方の大会に行っていなかったりするんでしょ？　「週末は絶対に営業とかあるだろ」と思っていて（笑）。

和田　いや、営業ならまだいいんですよ。特番の大事なロケとかを休むんですよ。「熊本で全国大会がある」って言って。

青山　だって全国大会だからな。

和田　だから全国大会から帰ってきてから俺は青山に言おうと思ったんですよ。「さすがに特番のロケは行こう。仕事だから。レスリングはあなたが大会に出るわけじゃないから」って。そう言おうと思っていたら、そんなときに教え子が全国優勝とかするんで、なんも言えないじゃないですか。

岸　何を結果を出してくれてるんだっていう（笑）。

青山　ボクにとっても去年の熊本は大勝負でしたからね。あそこでもしボクがチャンピオンを作れなかったら、たぶん相方に言われるままフェードアウトして、ちびっこレスリングを辞めなきゃいけない。そりゃ大勝負ですよ（笑）。

岸　急な土日の私用押さえで、「これ、なに？」っていうのが青山はめちゃくちゃありますね（笑）。

青山　熊本に関しては3日休んでるからね。

――和田さんもレスリング経験者ですけど、レスリングはもうまったく興味がないんですか？

和田　まったくないですね。

青山　いや、和田にも指導に来てほしいんですよ。

和田　いやいや、ずっと『チャンスの時間』に呼んでくださ い（笑）。ボクは中3までレスリングをやっていて、負けていたら続けていたかもしれないですけど勝っちゃってたんで。練習せずに西日本とかで優勝できたんで。

青山　和田はめちゃくちゃ強かったですよ。ただ、高校の推薦を断られた事件があって、そこで和田の人生が変わったっていう。強かったから、いろんなところから推薦の話が来ていたのに中学校側が「このコは推薦できません」となって、こんなにかわいそうな話もないんですけど（笑）。

——えっ、それはなんですか、バカだったんですか？

和田　めっちゃ頭が悪くて、アルファベットも書けなかったんで。

岸　素行も悪かったの？

青山　悪かった。

和田　そんな言うほどでもないですよ。

青山　でも学校に来てなかったよね。

和田　行ってないです。でもめっちゃ悪いことはしてないです。一般的な悪いことです。

——どういうこと？（笑）。ヤンキーだったんですか？

和田　ヤンキーでもなく、やんちゃな感じです。

青山　でもまあ、ひと通りやったよね。

和田　ひと通りはやった。

岸　だったらめっちゃ悪いよ！（笑）。

——高校には行ったんですか？

和田　高校は4年の通信制に行って、週3回昼間に学校に行って、あとの4日は仕事するみたいな。

——じゃあ、高校生のときからもう働いていたんですね。

和田　運送屋さんで働いていて、そのままそこに就職して。

——そのときは「俺はこのまま島根でトラックの運転手として生きるんだ」っていう感じだったんですか？

和田　そうでしたね。そうしたら急に青山から誘われて。マジで人生の転機ですね。

——そういう意味では感謝ですよね？

和田　どうですかね？　今後がまだわからないですもんね。

岸　いやいや、現時点では「誘ってくれてありがとう」だろ（笑）。

「地元に帰るんだろうなと思っていた頃に連絡があってネルソンズになりました。だからめちゃくちゃラッキーで」（岸）

——これからも最後まで面倒をみろよってことですね（笑）。

青山　和田は本当に感謝だとは思っていないと思います。

和田　いやでも、人生においては地元で仕事をしていたほうがいい可能性もありますもんね。あまり都会も好きじゃないというか。

岸　でも、いまは楽しいでしょ？

和田　まあね。

岸　じゃあ、「ありがとう」だろ。

和田　まあまあ、それはいまみんなの前で言うことじゃないから（笑）。

――岸さんは地元ではどうだったんですか？

岸　ボクは山口なんですけど、どっちかって言うとやんちゃなほうでしたね。まあでも、部活は剣道をやっていて。

――剣道はどれくらい強いんですか？

岸　そのへんの芸人よりは強いと思いますよ。

青山　高野（きしたかの）とやったら？

岸　あれは勝てますね。高野は4段ですよね？　ボクは3段だけど、たぶん勝てます。

――見たらわかるもんなんですか？

岸　わかります。気合いは入っていると思うんですけど、ちょっと遅くて弱く見えました。勝てそう感がエグいですね。

――そもそも岸さんはどうやってNSCに入ったんですか？

岸　だから品川さんのブログですよ（笑）。最初に同級生と来たんですけど、10月くらいにその友達が「俺はもう辞めるわ」って言って地元に帰っちゃって。そのあと何人かと組んでやっていたんですけど、卒業ライブで1位を獲れたんですよ。それで「うわっ、これ、めっちゃいけるやん」って思っていたら、組んでいたヤツが「解散してほかのヤツとやりたい」って言い出して、それから路頭に迷って。だから卒業して1年くらいはほぼ何もせずにバイトばっかりしていて、そのまましばらくしたら辞めて地元に帰るんだろうなと思っていた頃に連絡があって、ネルソンズになりました。だからボクはめちゃくちゃ「あっ、ラッキー！　これ、やれるわ！」って感じでしたね。

――学生のときはおもしろい人だったんですか？

岸　たぶんおもろかったですね。

青山と和田　アハハハハ！

和田　本当に岸は学生時代のことは話さないんですよ。

岸　いや、話したことも多々あるんですけど、彼らが憶えてないんですよ。興味がないから。

青山　広がるエピソードがないんですよ。

岸　そうそうそう。

和田　「そうそうそう」って（笑）。だから岸がタトゥーを入れていたっていうのもしばらく知らなかったんですよ。

――タトゥーはどこに入れていたんですか？

岸　腰ですね。あとは背中にバーッと。

——広範囲ですね（笑）。もう消したんですか？
岸　もうないです。
和田　いや、まだちょっとはあるよ。
——じゃあ、テレビでも脱げます？
岸　脱げますね。温泉ロケにも全然行けます。
青山　脱げはしますけど……ちょっと大井さんに見てもらいなよ。
岸　いや、だからもうないって（と、服をめくって背中を見せる）。
——ちょっとどころではないくらいは残っていますけど（笑）。
青山　なかなか消しに行かないんですよ、この金剛力士像の袴の足の部分を（笑）。

「コイツらが仕事に行っているときにボクはレスリングを教えるっていうのが将来の理想ですね」（青山）

——どういうきっかけで入れたんですか？
岸　やっぱタトゥーってカッコよかったじゃないですか。
——そうですけど、入れるまでには何個かハードルがありますよね。
岸　「タトゥーを入れてくれる人がいるよ」みたいなのが地元であったんですよ。それで「じゃあ、入れに行くか」って言って、そうしたらもう引けなくなるというか。
——それは何歳のときですか？
岸　19になるかならないかくらいの夏です。なんか団地でやってもらったんですけど。
和田　団地でって、マジで怖いっスよね（笑）。
——もう嫌な予感しかしないですよ。スタジオとかじゃなく（笑）。
岸　いやいや、全然。団地があって、こっちが彫ってくれる人の部屋で、こっちにキッチンがあってそこのお母さんが料理を作っている、みたいなところで入れてもらいました。
——その人はお知り合いだったんですか？
岸　先輩の知り合いで紹介してもらった感じです。2万5000円で入れてもらいました。
和田　安っ！（笑）。
——彫ってほしいデザインを持って行ったんですか？
岸　はい。雑誌を持って行って、「これにしてください」って言ったのがたまたま金剛力士像で、それを腰に入れてもらいましたね。
和田　仕上がりを見てどう思ったの？
岸　「いやー、俺は入れたんだな」って（笑）。
和田　めっちゃ絵が下手だったじゃん（笑）。

青山　いまは消えてるからわかんないですけど、めっちゃ下手だったんですよ。
岸　それはしょうがないでしょ。だって彫師1年目みたいな人がやったんだもん。
――なんでそんな人に預けるんですか（笑）。それでいつ消したんですか？
青山　ボクらが出会った頃には腰から下しかなかったですね。
――それって何回かに分けて消すんですか？
岸　そうです。一発で消えないから5～7回くらい行かないとって感じですね。あと2回くらい行けば綺麗になるんですけど、ちょっともう行きたくないですね。
――えっ、なんでですか（笑）。
青山　コイツ、麻酔代をケチるんですよ。麻酔代の5000円も嫌がって、口でタオルを噛んで痛みに耐えて消しているらしいんですよ（笑）。
岸　やってくれる女の先生も笑ってたなあ。「麻酔しないで消している人は見たことがない」って。
青山　だから何も考えていないんですよ。
――けっこう突発的に事を起こすんですね。
和田　いまもそんな感じだもんね。だって「パンのいい匂いがする」ってエスカレーターで下っていったりとか。匂いに誘われるって動物じゃん（笑）。
岸　まあまあまあ、考えてないっちゃ考えてないですね。でもまあ、不安はありますけど。
――将来の不安？
岸　将来は不安ですよ。和田みたいにひとりで呼ばれないのかなって思いますからね。
和田　まあでも、これから絶対に呼ばれますからね。
青山　本当にこのふたりがめちゃくちゃ出てくれて、コイツらが仕事に行っているときにボクはレスリングを教えるっていうのが将来の理想ですね。
岸　それ、なんなん（笑）。

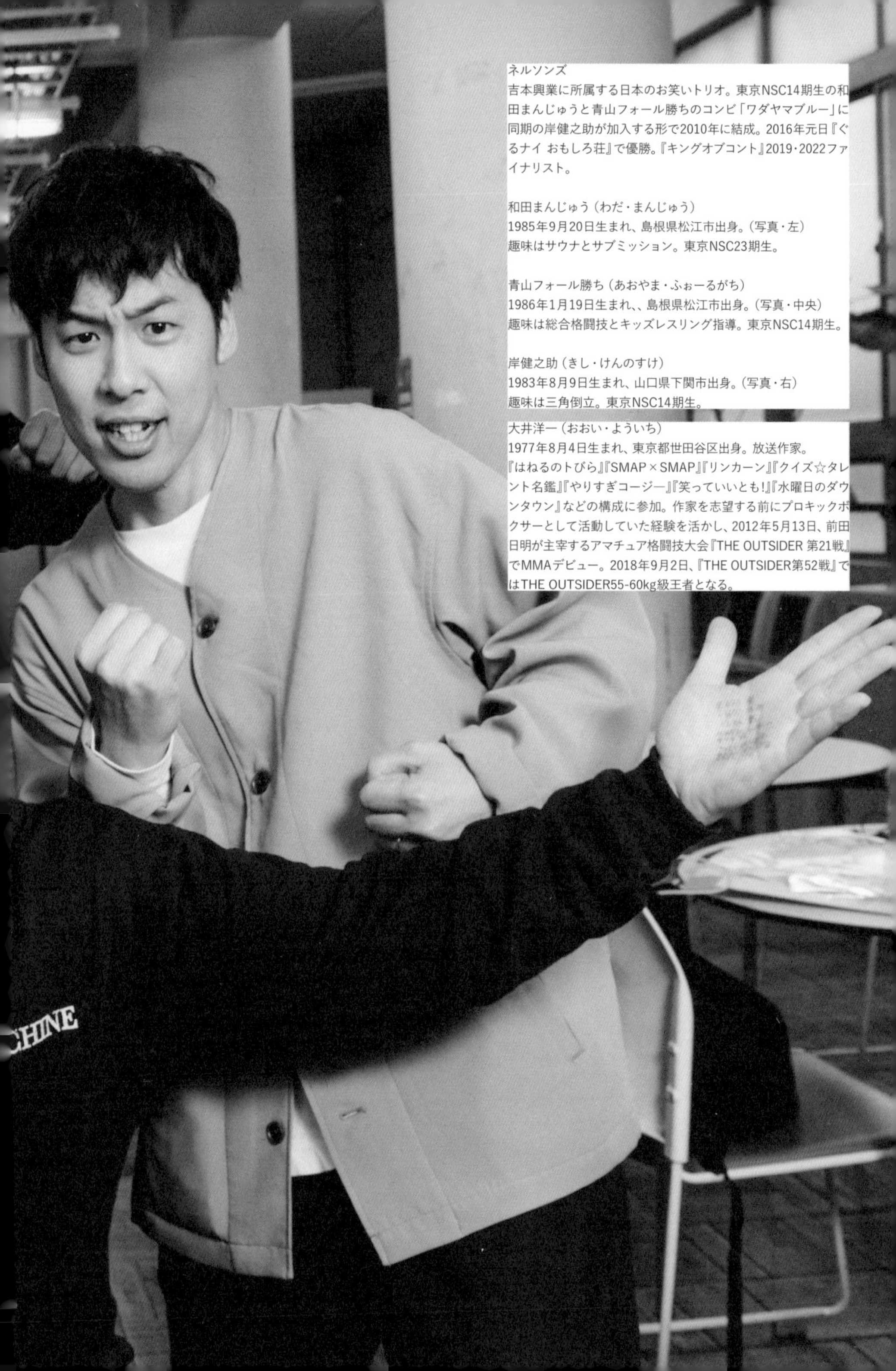

ネルソンズ
吉本興業に所属する日本のお笑いトリオ。東京NSC14期生の和田まんじゅうと青山フォール勝ちのコンビ「ワダヤマブルー」に同期の岸健之助が加入する形で2010年に結成。2016年元日『ぐるナイ おもしろ荘』で優勝。『キングオブコント』2019・2022ファイナリスト。

和田まんじゅう（わだ・まんじゅう）
1985年9月20日生まれ、島根県松江市出身。（写真・左）
趣味はサウナとサブミッション。東京NSC23期生。

青山フォール勝ち（あおやま・ふぉーるがち）
1986年1月19日生まれ、、島根県松江市出身。（写真・中央）
趣味は総合格闘技とキッズレスリング指導。東京NSC14期生。

岸健之助（きし・けんのすけ）
1983年8月9日生まれ、山口県下関市出身。（写真・右）
趣味は三角倒立。東京NSC14期生。

大井洋一（おおい・よういち）
1977年8月4日生まれ、東京都世田谷区出身。放送作家。
『はねるのトびら』『SMAP×SMAP』『リンカーン』『クイズ☆タレント名鑑』『やりすぎコージー』『笑っていいとも!』『水曜日のダウンタウン』などの構成に参加。作家を志望する前にプロキックボクサーとして活動していた経験を活かし、2012年5月13日、前田日明が主宰するアマチュア格闘技大会『THE OUTSIDER 第21戦』でMMAデビュー。2018年9月2日、『THE OUTSIDER第52戦』ではTHE OUTSIDER55-60kg級王者となる。

SWAG GYM
RAGE AGAINST THE
THE BATTLE OF LOS ANGE

坂本一弘

馬乗りゴリラビルジャーニー（仮）

第31回
蛍の光

構成：井上崇宏

（さかもと・かずひろ）
1969年3月4日生まれ、大阪府大阪市出身。
修斗プロデューサー／株式会社サステイン代表。

――前回は「引退」についてお話ししましたけど、プロレスラーよりも格闘家のほうが現役の時間って全然有限ですよね。

坂本　だから引退って人生のひとつの節目でしかないんだけど、そこをどう捉えるかを考えていないといけないと思います。たとえば「引退をするのが怖い」っていう人もいると思うんですよ。なぜかと言うと、〝選手割〟みたいなものが世間にもあるし、これはべつに失礼でもなんでもないんだけど、選手をやっていることで割り引かれてるものって世の中にはあるんですよ。

――たしかに。「割り引かれている」って的確な言葉ですね。

坂本　だから〝選手割〟なしでも人生をやっていけるのかっていうところで「怖い」と感じる人もいると思うんですよね。でも怖かったけど、やってみたら意外となんとかなったっていうのもあるし。人間って切羽詰まると頭も下げられちゃうから。締め切りに追われて、夜中の0時過ぎくらいに原稿ができたから朝までに読んで戻してくれって懇願するみたいな、人って切羽詰まることがあるじゃないですか（笑）。

――あまりボクにはピンとこないたとえでしたけど（笑）。たしかに人気商売でいろいろと割り引かれてきた時間を過ごしてきたから、その反動の怖さってあるでしょうね。

坂本　まず、格闘技に専念するというのは凄く素敵なことです。だけど現役を終えてからの人生のほうが絶対的に長いんだから、どこかで社会常識的な部分も身につけておいたほうがいいとは思う。じゃないと、今度は社会との闘いになってくるじゃないですか。

――そこを身につけておけば、現役中はより格闘技に専念できるとも言えますね。

坂本　だから卒業のない俺らって幸せですよね。だって「修斗を考える」ことはやめないんだから。卒業しなくていいんだもん。井上さんだってずっと書いたりしていたらいいじゃないですか。井上さんの仕事のい

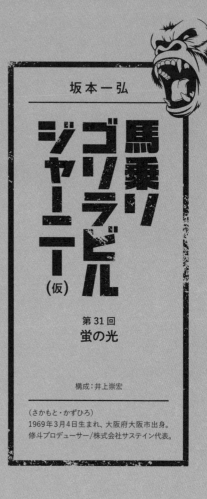

いところは人と会えていることですよ。たとえばいつもターザン山本さんの話ばっかりになるけど（笑）、あの人は一歩間違えたら野垂れ死にするかもしれない、去年も倒れたけど奇跡的に起き上がったとかあったじゃないですか。でもそういう体験をターザンさん自身が面白おかしくしゃべれる『ＫＡＭＩＮＯＧＥ』という場所があるから、それがまた活力となっているかもしれないじゃないですか。

――こっちも聞いていて楽しいですからね（笑）。

坂本　まあ、でもそれはターザンさんの人となりを読者も知っているから、読んで笑えるんですよね。まったくどこの誰だかわからないおっさんの話を聞きたいとは思わないじゃないですか（笑）。

――そう考えたら、人となりが多くの人に知れ渡っている編集者って凄いですね（笑）。

坂本　たとえば好きな歌手だったら歌が聴きたいし、補足としてその曲をどうやって作ったとかも知りたくなるかもしれない。でもライターの人たちがどういう人間でどういう性格だとか、本当はどうでもいいですからね。芸術家とか音楽家みたいな創造して表現する人だったら「この人はどういう考えなのか？」って知りたくなるけど。

――たしかに補足ではあるんですよね。まずは自分の表現ありき、そのサブテキストに過ぎないというか。

坂本　あくまでも補足であって、その作品から受け取ればいいだけのところを、井上さんみたいな人が聞いてくるからその人も答えているんだけど、たとえば俺が自分の好きなものとかを勝手に書き始めたら、ちょっと気持ち悪いじゃないですか（笑）。俺は井上さんに聞かれてるから答えるけど、そんな誰にも頼まれていないのにやりだしたらさびしい人というか、コイツ大丈夫かって。

――まあ、みんなそれをＳＮＳとかでやってたりするんですよね。

坂本　「坂本さん、食べ物は何が好きですか？」って聞かれるから「俺は○○が好き」っていう話をするけど、ひとりで誰に向けているのかもわからずに「俺はうなぎが好きで」とか言いだしたら、「はあ」でしょ（笑）。

――「うなぎが好き」で１曲作ったり、それで小説を書いたりするのなら最高ですけどね（笑）。

坂本　小学生のときにそういうのがありましたよね。「好きなタレント」とか項目がいっぱいあって、自分の情報を書いて見せ合うっていう文化。あれと同じですよ。べつにそれはそれでいいんですけど、みんな無償でやっていることだし（笑）。ただ、うなぎが好きな理由をとんでもない視点や、おもしろい表現で説明することができたりしたら、物書きの道に行けたりとか、べつの場に行ける可能性もありますし。

――あっ、だからターザンが死にかけたときに何を思ったか、やっぱりそのときの表現がおもしろいからこっちも聞きに行くわけですからね。

坂本　たとえばＹｏｕＴｕｂｅに自作の音楽をアップして、誰かの目に留まって「これ、凄くない？」ってなったときにバズる可能性もある。それはオリジナルのものを作っているんだから表現じゃないですか。ところが道端で音楽をやっている人たちがいて、オリジナルかなと思ったら誰かの曲を歌っていたときに「それ、なんの意味があるのかな？」とか。

――「それはなんの発表なんだ？」って思うこと、多いですね。

坂本　いい曲だからって人の歌を自分で歌って、通行人の耳に入れてどうするんだっていう（笑）。「それ、家でやってくれないかな。もしくはカラオケボックスに行け」って思っちゃうじゃないですか。だからアーティストが何かを発表するときは、オリジナルでなくてはいけないのではないかなと。

――だけど街にいるストリートミュージシャンたちにも引退はない（笑）。

坂本　そこが厄介なんですよ。

――そこに街があるかぎり（笑）。

坂本　だから発表の場があると勘違いしちゃうんでしょうね。「俺はここでいいんだ」とかね。そんなわけはないと思うんですよ。やっぱりオリジナルのものじゃないかぎり、それは人のふんどしですよ。しかもね、人の曲を勝手に自分でアレンジしちゃってたりすると、もう意味がわからないじゃないですか（笑）。道端で尾崎豊を熱唱しているヤツがいますけど、それじゃ尾崎にはなれないよっていう。まず、そこをわかったほうがいいですよね。尾崎の真似をしていても尾崎にはなれない。尾崎みたいになりたいのなら、尾崎と違うもので闘うしかない。すなわち自分の音楽で闘うしかないじゃないですか。もしかしたら、まず最初に模倣はあるかもしれないですよ。すべての創造は模倣からって言うし。あるいはすげえモノマネがうまくて、それが芸になっているんだったらいいと思うんですよ。

――ターザンもいまやストリートですけど、やっぱオリジナルだからいいなあって、ずっと思うんですよね。

坂本　本当に好きですよね、ターザンさんのこと。伝わりますもん。

――なんか昔よりも、いまのほうが好きかもですね（笑）。

坂本　おもしろいんだろうし、それが前提なんでしょうけど、ある意味で人に安心を与える芸なんですよ。ターザンさんが「カネがない」だとか「今月も光熱費が払えない」だとかって言ってて、それでもたのしそうだよなって見ていて安心するから、それでひとつの役割を果たしているんですよね。だってターザンさんのページはいつもうしろにあるじゃないですか。名だたる人がバーッと出てきて、いま旬のお笑いの人もいたりして、それで最後にあのページを持ってきて安心させるんですよ（笑）。

――まあ、整理体操みたいなものですね（笑）。

坂本　『蛍の光』を流してるようなもんじゃないですか。

――「まもなく閉店です」（笑）。

坂本　だから俺なんか、むしろターザンさんのページから読んでますもん。安心するために。

――坂本さんもめっちゃ好きじゃないです

か（笑）。
坂本　「今月もクズだなあ」って思いながら（笑）。あれがあってはじめて『KAMINOGE』がチャンチャンとなる。一流アーティスト、一流ファイター、旬のお笑い芸人と来て、最後の最後に『蛍の光』が流れて「今号も『KAMINOGE』はいつも通りに終了いたしました。また来月もお会いしましょう」と（笑）。
――「はい、解散っ」（笑）。
坂本　下手したらですよ、ターザンさんがお亡くなりになったら、これ、『KAMINOGE』じゃなくなっちゃう可能性もありますよ。ある意味、何かが死んじゃう、どっかが壊死しちゃうことになるかもしれない。井上さんの中で何かが崩れるかもしれないです。
――ああ、なるほど。
坂本　そうなったときに「ターザンだったらこう言っただろう」っていうのを井上さんがひとりで書くっていうね。「ターザンは死んだけど、俺がターザンになりきって書く」とか言って（笑）。
――降霊ですね（笑）。そうしたら、そんなのいくらでもできるじゃないですか。長州力×ターザン対談とか。
坂本　長州さんに殺されるでしょうね。それを長州さんが書くんだったらおもしろいですけど、それはダメですよ（笑）。井上さんの意思で「ターザンならこう言うだろう」はいいけど、長州さん不在、ターザン不在で勝手に対談してたらまずいでしょ（笑）。
――いやいや、80年代の新日黄金時代のパンフを引っ張り出して読み返したりすると、「スペシャル対談・徳川家康×藤波辰巳」とかあるんですよ（笑）。
坂本　ヤバいな、それは（笑）。
――「そなたのドラゴン殺法とやらをいつも拝見しておりますぞ」って家康に言われて、ドラゴンが感激してるっていう。あれは誰が書いていたのかなと思って（笑）。
坂本　それを調べてインタビューしてくださいよ。『KAMINOGE』の役割ってそこですよ。こないだ『水曜日のダウンタウン』でもやってましたけど、昔は雑誌に芸能人の家の住所が書いてあったとか、そういう昔の時代のいま思えばおかしいぞってやつのプロレスとか格闘技バージョンで掘り返したほうがいいですよ。
――余談ですけど、さらに遡って70年代の新日のパンフをパラパラと読み返すじゃないですか。よく「総合格闘技という言葉は俺が作った」って言ったりする人がいますけど、70年代の新日パンフにすでに「総合格闘技」って言葉が書かれてあるんですよね。「プロレスこそが総合格闘技だ」みたいな感じで。
坂本　だから「記憶がウソをつく」って養老孟司さんと古舘伊知郎さんの対談本にも書いてましたけど、そういうことですよね。みんな言っていることがバラバラになっちゃうとか、べつに自分の記憶が絶対に正しいとは言わないけども、だけども話をおかしくしすぎて自分をよく見せすぎちゃダメ。ターザンさんみたいにすべてをさらけ出さないと。

TARZAN by TARZAN

ターザン バイ ターザン

はたして定義王・ターザン山本！は、ターザン山本！を定義することができるのか？「俺ＬＯＶＥで、それが新しくてクールな、情と愛にまみれた絆の世界とは関係のない生き方だと。武藤というのはそういう異質な男なわけですよ。マイペースで個人主義。組織は背負わない、関係ないよと。プロレスＬＯＶＥとは俺ＬＯＶＥであり、すなわちマネーＬＯＶＥなわけですよ!!」

ターザン山本！（たーざん・やまもと）
1946年4月26日生まれ、山口県岩国市出身。ライター。元『週刊プロレス』編集長。立命館大学を中退後、映写技師を経て新大阪新聞社に入社して『週刊ファイト』で記者を務める。その後、ベースボール・マガジン社に移籍。1987年に『週刊プロレス』の編集長に就任し、"活字プロレス""密航"などの流行語を生み、週プロを公称40万部という怪物メディアへと成長させた。

絵　五木田智央　聞き手　井上崇宏

第四十三章

俺LOVE

「俺は猪木さんとお別れではなく、もう1回猪木さんに会いに行ったんですよ！」

——きのう（3月7日）、両国で猪木さんのお別れの会があったんですよね。

山本　そうそう。

——ボクは前日に「何時頃に行きます？」って連絡がいろんなところから来て、「あっ、明日なんだ」と思ったんですけど、それで行く予定はないとも言わずに「いや、まだわからない」みたいに答えていたんですよ。それで当日になってツイッターを見ていたら、颯爽と両国に背を向けて、ひとり逆方向の横浜に向かっていた男がいたんですよ（笑）。

山本　それ、俺ですよ！

——なぜあの日、山本さんは〝逆走〟していたんですか？

山本　だってそれが猪木イズムだからですよ！　猪木イズムとは舌を出すことだからですよ！　まずさ、お別れ会というそのものが俺は嫌なんだよね。だから常に非常に否定しているわけですよ。そんなもんはやる必要がないと。無意味だと。しかも猪木さんに関しては生前葬をやっているんだから。

——2017年10月に両国でやっていましたね。

山本　さらに猪木さんの性格的に、自分が死んだらお別れ会をやってほしいなんて気持ちはこれっぽちもないわけですよ。そうしたら行く必要がないよ。要するにあそこに行った人たちは、ハッキリ言ったら思考停止の連中、自称・猪木ファンなわけですよ。猪木について考えることがプロレスであることを誰もわかっていないんよ。ひとつもそれを実践していないんよ。もう烏合の衆ですよ、俺からしたら！

——まあ、それは人それぞれの判断、思いですけどね。

山本　まあ、行けばみなさん満足してね、納得してさ、心がおさまって、帰るわけじゃないですか。それはそれでいいんですよ。

——ゆけばわかるさ。

山本　ゆけば満足するさ。それは非常にうるわしいことであるから俺はそこまでは否定しない。ただ、俺は俺なりの解釈で、猪木イズムであればそこに背を向けて何かをしなければいけなかったんよ。それはすなわち猪木さんの原点である、ブラジル行きのサントス丸が出港した横浜の大さん橋に行くことだと。あそこで猪木少年は日本に別れを告げたわけじゃないですか。だから俺はあそこに行って、猪木さんとお別れではなく、もう1回猪木さんに会いに行ったんですよ！　これこそが猪木イズムですよ！　だからあの日は、ひとりヒーロー的な気分になって、もの凄く心の中でガッツポーズしたわけですよ。

——そんな雰囲気は投稿していた動画からも伝わりました。悦に入ってるなっていう（笑）。

山本　もう自分の気持ちの中では「ざまあみろ！」と。そうし

TARZAN by TARZAN

て海に向かって叫んだら、ちょうど向こう側に風車があったんですよ。「うわっ、これは猪木の風車の理論だ！」と。

――それはただの風車だろ（笑）。

山本　いやいや、だから「おまえたちは風車の理論を知らないのか！　バカヤロー！」って叫んでやったよ！

――そう叫んだ勢いで、その風車が回りましたか？

山本　もちろんですよ！　向こうもさすがの阿吽の呼吸ですよ！　そしてさ、こっちはこっちでツイッターを見ると両国国技館の雰囲気がわかるでしょ。俺はそれを見た瞬間に「あれ？こっちほど盛り上がってはなさそうだな」みたいな。やはりというか、それはそれでちょっとさびしいなというか、あるいは猪木さんに失礼というか、顔が立たないというかさ、「なんなんだよ、それは」っていう。いや、俺は両国に行っていないからわかんないよ？　でも写真を見たかぎりではそう思ってしまったんよねえ。だから俺はここでハッキリと言いたい。言っていい？

「少なくとも原タコヤキ君が両国に行っていたことは確認しているんですよ」

――ハッキリと何を。

山本　ハッキリ言うよ。俺はお別れの会のチケット代1万円を持っていなかった！　たとえ1万円を持っていたとしても、俺はそれをnanacoにチャージしますよ！

――ポイントがお得！

山本　そうして俺はまず自分の生活を確保しますよ！　だって馬場さんのお別れの会のときは日本武道館でやって、お金はとらなかったわけじゃないですか。だから俺はハッキリと言いたい。1万円は持っていませんと！

――じゃあ、行ったところで「チケットを持ってますか？」と言われちゃってましたね。

山本　「いや、チケットはないです」と。

――猪木イズムだけかと思いきや、大仁田イズムもあるんですね。そもそも行っても会場には入れなかった（笑）。

山本　入れなかった（笑）。それで闘道館の館長なんかは俺に気をつかって電話をしてきて、「山本さん、よければ私がチケットを用意しますから行きませんか？」って言うから「いや、俺は行かないよ」と言ったら、「そうですよねえ」と。まあ、館長も俺の性格をわかっているから「まあ、誘っても行かないですよね」と。俺は「その通りだよ」と言ってガチャンと切って終わりですよ！

――行けないんじゃない、あくまで行かないんだと。

山本　それで新間寿さんが、猪木さんとは密接な関係性があったわけだけど、発起人に名前が入っていなかったんですよ。それで頭にきたのかどうか知らないけど、体調不良ということで欠席したと。ここで問題なのは、あの日、誰があの場に行かなかったのかってことなんですよ。ターザン山本、新間寿、倍賞美津子、そして長州力ですよ。この4人は猪木イズムですよ！ほかにも誰かいるかもわからないけども、少なくとも原タコヤキ君が両国に行っていたことは確認しているんですよ。

——そんな確認をしていましたか。

山本　原タコヤキ君をはじめとするみなさんが、お別れの会に行って、撮った写真とともに「ありがとう、猪木さん。お世話になりました」というメッセージを投稿していたわけですよ。それはそれでまあ美しいなと。うん。猪木さんへの愛情と感謝の気持ち、それはそれでいい。うん。「タコヤキ、おめえはそれでいいや！」というね。

——いやいや、マジでいいと思いますよ（笑）。

山本　ただ、猪木さんっていうのは、世の中のみんながひとつの方向に向かって行ったら、あえてその反対のことをやるわけじゃないですか。つまり政治家になったら誰も行かないイラクや北朝鮮に行く、それが猪木さんじゃないですか。世間と逆行した生き方をすることこそが猪木である。俺はそれを日々やっているわけですよ。俺は猪木イズムを実行しているだけですよぉ。

——山本さん、ひとつ提案です。山本さんは思いを馳せにしばしば横浜の大さん橋に行くじゃないですか。いっそのこと、そこからマジでブラジルに渡ってみるのはどうですか？

山本　凄い発想だねえ！　それは猪木イズムだね。いいねえ、それは。

——もちろん、いつ帰ってくるとかは決めずに、とりあえずブラジルに渡るっていう（笑）。本来なら風船おじさん的にひとりで旅立っていただけたらロマンがあるんですけど、この時代ですから誰かひとり同行者を連れて行って、ずっと動画を撮ってもらったりして。

山本　なるほど、そうしてアントニオ猪木を追体験をすると……！　行きませんよ！

——行かないですよね（笑）。

山本　とにかくですよ！　これからはアントニオ猪木という狂気の怪物、謎めいた巨大なフィクションがめちゃくちゃ平均化されて、ならされて、普通になっていって、最後に神棚に上げられていくんですよ。ハッキリ言って、これはアントニオ猪木のピンチですよ！　猪木さんの狂気だとか、エゲつなさとかが全部カットされて、どんどん丸くなっていくわけですよ。そういう危機的状況がいますでに生まれつつあるわけ。猪木さんのトゲがどんどん削られていくんよ。

「俺が週プロ時代に『武藤は天才だ』って書きまくっていたら、佐藤記者が武藤に怒られたらしいんだよね」

——ピンチですか。

山本　でもね、いちばんビックリしたのは猪木さんが亡くなったことによって娘の寛子さんが表に出たんだよね。それでお父さんのことを語ったんよ。猪木さんが生きているうちは語れないことを。要するに「パパはまったく家庭的な人ではなかった」と。「家庭を大事にするとか、子どもと一緒に遊ぶとか、参観日に来るとか、そういうことを一度もしたことがない」と。「でも小さいときは不満を持っていたけど、パパは凄いことをやっていたんだから、いまとなっては正しかったんだなと思います」と。

そして「パパがいちばん好きだったのは海だった」って言ったんだよね。そう言われると猪木さんはパラオが好きだったよね。

——サンタモニカも好きでしたよね。

山本 そうそう。だからやっぱり俺が横浜に行ったのは大正解なんですよ。「やはり俺は正しかったんだ！」と思った。俺、猪木さんは海が好きだったっていうのを初めて聞いたんよ。

——たしかに海が大好きっていうイメージは特になかったですね。

山本 俺たちは猪木さんについてまだまだ知らないことだらけだったし、猪木さんというのは本音がわからない人だったんですよ。絶対に本音を出さないということに関しては非常にプロ中のプロだったんよね。だから猪木さんの周辺にいた人たちは、みなさん勘違いするわけですよ。「自分が猪木さんとはいちばん親しい」と思うわけ。そうじゃない、猪木さんっていうのは、その都度適当にただ付き合っていただけなんですよぉ。

——それと今回はもうひとつ、武藤敬司の引退試合。

山本 あの興行がよかったのは、すべての試合時間が短かったことですよ。非常にコンパクトにやったわけ。いままではドーム興行といったら長ったらしかったわけですよ。今回のこれって東京ドームにおけるプロレス興行の一大変革ですよ。やっぱ武田っていうのは凄い男ですよ！

——名指し！（笑）。サイバーファイトの取締役の武田有弘さんですね。

山本 いま、プロレス界に武田革命が起こっているんですよ！武藤と同じく武田も元新日本の天才ですよ。俺はどうしたってもう武藤とは合わないけど、でも武藤のことは天才だと認めているわけですよ。だから週プロ時代も「武藤は天才だ」って書きまくったわけじゃない。でもね、当時の新日本の担当だった佐藤（正行）記者が会場に行ったら「なんだ、おまえのところの雑誌は。俺のことを天才、天才って書いて、俺がまったく努力していないようなイメージじゃねえか」って武藤に怒られたらしいんだよね。

——逆にネガキャンじゃねえかと（笑）。

山本 そうそう！（笑）。そもそもね、新日本は武藤を推さなかったわけですよ。なぜかというとストロングスタイルの後継者じゃないから。むしろストロングスタイルの反対側、あるいは外側にいる人間だから、武藤を推したらストロングスタイルが風化すると判断したんですよ。つまり新日本の幻想がなくなるから推せなかったわけ。そういう意味では、まっとうな形で橋本真也を推すわけで、さらにG1クライマックスでは蝶野を推すという形で、うまいことバランスをとっていたんですよ。だから武藤にとって新日本というのは、じつは不遇の時代なんですよ。そんな武藤を新日本から連れ出したのが武田なんですよ。

——一緒に全日本に移籍しましたけど、武田さんが誘ったっていうのは初耳ですね。

山本 俺はそう聞いてますよ。武田はそこから紆余曲折を経てのしあがっているわけですよ。だから俺は個人的には武藤を評価しているんだけど、実際は新日本でブレイクしなかった、させてもらえなかった。それで全日本に行って社長になったけど、団体を復活をさせることはできなかった。そのあとのWRESTLE－1もダメだったという負の歴史なんですよ、ハッキリ言って。だから一般的な評価として武藤はずっと絶大な人気があったとは言えないんですよ。でもアイツは我が道を行く男だから、人気がないってことを気にしない。だから自分が社長になって団体を成功させることができなくても「関係ないよ」という、もの凄くドライな男なんだよね。

「蝶野とのサプライズマッチを計画していたって、どれだけあの男は計算高くてうまいんだよ！」

——ポジティブな性格ではありますからね。

山本　だから誰かが言っていたけど、「武藤というのは団体内のひとつの駒としてじゃなく、どんな組織に属していても個人競技に徹する男なんだ」と。「つまり武藤は新時代を先取りしていた」って言うんですよ。だから武藤自身も「俺は早く生まれすぎた。もっとあとに生まれていたら俺は大スターになっていた」って言うわけですよ。それで武藤が言う「プロレスLOVE」って言葉があるでしょ。あれの反対語がストロングスタイルなんですよ。「みなさんはストロングスタイルにLOVEなわけで、俺はプロレスLOVEだ」って武藤が言ったのは、要するに自分LOVEなんですよ！

——俺LOVE。

山本　俺LOVEなわけ。これが新しくてクールな、情と愛にまみれた絆の世界みたいなところとは関係のない生き方だと。武藤というのはそういう異質な男なわけですよ。だからジャンボ鶴田とよく似ているんですよ。マイペースで、個人主義でっていう。だから組織は背負わない、関係ないよというさ。

——あくまで個だと。

山本　あともうひとつ彼が凄いのは、プロレスLOVEというのは俺LOVEであり、すなわちマネーLOVEなわけですよ。「マネーがすべてだ」という頭があり、それを自分のプロレス人生の中でまっとうして、そのゴールとして東京ドームで引退興行をやるというところまで持っていったわけですよ。凄い男ですよ、あの男は！

——その「武藤はマネーLOVE」ということを周囲も共有しているから、その結果、ドームを引き寄せたっていう。

山本　そうそう。ただ、武藤が引き寄せてはいるんだけど、あの興行はまわりもウィン・ウィンになったわけですよ。自分だけじゃなくて周囲も潤わせたでしょ。そこがまた武藤の巧妙なところなんよ。でもアイツはエグい！　内藤との試合が終わった瞬間にロープを上げたんですよ。要するに「内藤、おまえはもう帰れ」というさ。

——なんか「早くはけて」っていう仕草をしているようにも映りましたよね。

山本　それで、そのあとに蝶野とのサプライズマッチを計画していたわけじゃないですか。どれだけあの男は計算高くてうまいんだよ！　いやあ、あの内藤をはけさせたのは最高のシーンだよな。あれは猪木さんが舌を出したのと同じよ。あれは猪木イズム、第二の舌出し事件ですよ！

――武藤にも猪木イズムは宿っていたと。

山本　最初に俺がおかしいなと思ったのはさ、なんでゲスト解説の蝶野があの長い花道から入場してきたのかっていう。あのシーンを観たときに「これは何か変だな」って思ったんよ。最初から放送席に座っていればいいものをさ。だからあれは前フリだったんよね。しかも、なんで蝶野の横にミスター服部さんがいるんですか。

――ミスターじゃなくてタイガーです。だから、あれってどこまで仕組まれていたのかわからないのがいいですよね。

山本　そうそう。最初から計画的に自分のプランにあったのか、それともアドリブなのかがわからないわけじゃないですか。その紙一重の、フィクションと現実のせめぎあいがいいわけですよぉ。

――蝶野さんは知っていたけど、服部さんは知らなかったんじゃないかとか。

山本　そうそう。ミスター服部さんにはわざと教えないとかね。そのへんの舞台裏はわからないわけで、わからないからこそ俺たち昭和のプロレスファンの活字プロレス世代は興奮するわけですよ。だから俺は今回は完全に武藤にやられたよ！

――武藤さんが「蝶野！　俺と闘え！」って言ったとき、蝶野さんが口をあんぐりしてしばらく絶句していたシーンもよかったですよね。

山本　蝶野は「えっ、何を言ってるんだ？」とビックリした顔をしてわざととぼけるわけですよ。あれも役者だよなあ。もうあのふたりは阿吽の呼吸の役者ですよ。お見事というか。彼らは猪木さんの孫世代、つまり隔世遺伝でやっていた人たちでしょ。部分的にアントニオ猪木のやり方を継承しているわけですよ。これは凄い話だあ！

「マネーLOVEとはウィン・ウィンである。そこは貧乏くさくなくて素晴らしいですよ！」

――すべては俺LOVEですね。

山本　そうそう。本能的に武藤も蝶野も俺LOVEなんですよ！「俺たちのほうが本番ですから」と。残酷だよなあ！それをあの大観衆の前でやっちゃう武藤も凄い。「エネルギーも残っているし、まだ灰にもなってねえ！」って言うんだからさ。

――「最後は蝶野で締めたかった」って。

山本　だから、あれをやったことで今度は蝶野の引退試合にバトンタッチしたんよ。そのときは武藤が呼ばれるんですよ。その筋書きの伏線がもうできちゃっているわけですよぉ！

――プロレスとはゴールのないマラソンではなく、ゴールのない駅伝だった（笑）。

山本　プロレスとはたすきの受け渡しですよ！　傑作ですよ！それでさあ、引退したあとにすぐさま『週刊プレイボーイ』でオカダ・カズチカと対談しているわけですよ。そういう身の代わりの早さというかさ、処世術というかさ、長けてるよなあ。つまり、すべてはストロングスタイルじゃないからできるわけですよ。あくまで自分流スタイルだから、なんでもできるんですよ。

——ストロングスタイルではないということは、すなわち自由であると。

山本 あのね、武藤がいちばん成功した理由をハッキリ言うと、スペースローンウルフ時代の髪の毛が長かった素顔があるでしょ。本来は童顔でさ、あれがストロングスタイルの世界だと違和感があった。それがアメリカでグレート・ムタになったことで武藤敬司は一度素顔を消したわけですよ。そしてさらにスキンヘッドにしたでしょ。アイツは2回本当の素顔を消し去ったわけですよ。それが成功した理由ですよ!

——何度も変身することで、逆にキャラクターを保ち続けたと。

山本 そこもプロレス頭というかマネーLOVE頭が凄いんですよ、あの男は!

——そこはお金は関係ないのでは。

山本 いや、俺たちは武藤を見習わなきゃダメだよ! しかもあの男は、どんなに歳をとっても肉体を鍛え上げて、長年ずっと身体が非常にデカいわけですよ。トレーニングで維持してきたわけですよ。あれは偉大ですよ。あれがしぼんで普通の身体になっていたら価値がないわけですよ。

——あの肉体キープは本当に素晴らしかったですね。引退してからもトレーニングを続けているし。

山本 60歳であんな身体をしているんですよ。だからどんなレスラーとやっても武藤のほうが身体が大きいわけですよ。いやあ、武藤はある意味では語りがいのある男だねえ。これから武藤は引退したあとも絶対にいろんなことをやるよ。俺はさ、武藤学校を作ればいいと思うんよ。

——それはなんの学校ですか?

山本 プロレス学校ですよ!

——あっ、ビジネススクールじゃなくて、プロレスの学校ですね。

山本 ただ、武藤は人に教えるのは向いてないね。

——言ってみたものの。だからたすきを渡された蝶野さんもそうですけど、あのあたりのレジェンドの引退試合はドームでやるっていうことが今回デフォルトになった気がするんですよね。だからおそらく藤波さんもドームでいけるんですよ。

山本 そうだね。藤波はいけるよ。

——そして最後に「長州、出てこい!」って言って(笑)。

山本 だから完全にひとつの壁を超えたよね。ドームで引退することができるということを武藤が現実化したもんね。あそこに大観衆が集まって、PPVもやったことで、新しいビジネスモデルを完全に作ったね。

——やっぱり武藤さんは偉大ですね。みんなを潤わせるという、かつてのアメリカ式のメインイベンターでしたね。

山本 マネーLOVEとはウィン・ウィンであると。そこは貧乏くさくなくて素晴らしいですよ。

武藤引退試合の素晴らしさが、ずっとみんなの心に残っていますね。

あ
ごく
ごく
ごく
おい
オレんだぞ
なんだよ
ガッ
うりゃあ
ぐるん
うわっ

バチッ！
あいたっ
いきなりなんだ
やりやがったな
!!
であ
だっ

ドカッ
やるじゃねえか
……
試合でやれよ
店内でのプロレスはご遠慮いただいていますが
見事なムーンサルトプレスでした

KENICHI ITO

涙枯れるまで泣くほうがEマイナー

VOL.28

原宿2連戦

伊藤健一

(いとう・けんいち)
1975年11月9日生まれ、東京都港区出身。格闘家、さらに企業家としての顔を持つため“闘うIT社長”と呼ばれている。ターザン山本!信奉者であり、UWF研究家でもある。

「イトケン、原宿に来てくれ」

突然、井上編集長から連絡が来た。

普段の生活圏は六本木～青山骨董通りあたり止まりで、原宿まではほとんど行かないのだが、編集長からの指令だったので、重い腰をあげて原宿に向かった。

合流すると、これから代々木第二体育館でおこなわれるKNOCK OUTというキックボクシングの興行を観戦するので付き合えとのことだった。

格闘技博士の私だが、じつはキックボクシングはあまり生観戦の経験はない。

私は格闘技を観るとき、常に「MMAでどう使えるか?」という視点で観ているのだが、たとえばK－1のように首相撲やヒジなしで、パンチとキックの連打が繰り出される試合だと、自分がやれと言われたら絶対にできないが、組みもあるMMAだとありえない攻防なので、あまり観なくなってしまった。

しかし今回は、プロデューサーの宮田充さんからの直々のご指名、ご招待だという。

宮田さんといえば、昨年末に初対面なのに「伊藤さんですよね? いつも『KAMINOGE』のコラムを読んでますよ」と、近年で私をいちばん気持ちよくさせてくれた恩人だ。その恩人の招待ならば見届けなければなるまい。

そうして私は食わず嫌いだったキックボクシング観戦を快諾し、代々木第二体育館に足を踏み入れた。

KNOCK OUTは当然初観戦だったのだが、今回はビッグマッチということでムエタイの猛者たちが参戦しており、首相撲、ヒジありルールで、私が想像していたキックボクシングとは全然違っていた。

後半戦にそのムエタイの猛者たちが出て来たのだが、3Rルール(通常のムエタイは5R)なのでいつも通りのらりくらりと闘えず、スタミナも関係なくガンガン攻めてくる日本人選手たちの攻撃に戸惑っているように見えた。

そしてセミファイナルに登場してきた龍聖選手は、現ラジャダムナン王者相手に、伸びのあるワンツーストレート、左ボディ

を的確に当てまくってダウンを奪って勝利をし、私がいつも夢想していたムエタイ対策をきっちりしていたことに感銘を受けた。プロデューサーでありながらリングアナも兼任している宮田さんの声も、いい意味での昭和チックで素晴らしかった。

KNOCK OUT、なかなかおもしれえじゃねえか!! これからもチェックしてみよう。

数日後、また井上編集長が「イトケン、原宿に来てくれ」とお願いをしてきた。

原宿駅で待ち合わせをし、明治通りに出て渋谷方面に少し歩くと、井上編集長は鼻歌で『風になれ』を歌いだした。編集長はご機嫌なときに『風になれ』を鼻歌で繰り出すのが常なのだ!!

どうやら目的地に着いたらしい（なぜか道中でせんだみつおとすれ違った）。

そこはなんと"THE KING"こと鈴木みのる選手のオフィシャルショップ『パイルドライバー』だった。

店前にはちょうど鈴木が立っており、UWF研究家の私は早くも武者震いを覚える（私は単なるいちファンであるので、あえて敬称略とさせていただく）。

以前、金原弘光の興行を手伝ったときに、私が当時モノのUWFロングスパッツを履いていたら、鈴木から「なんでおまえ、それを持ってるんだ!!」と声をかけられたことくらいしか接点はなく、ほぼ初対面である。

井上編集長が鈴木に「UWFレジェンドたちからアームロックを習いまくっている、アームロック鬱」（詳細は前号の当コラムで）と私を紹介してくれた。

すると鈴木は私の腕を取り、「前田さんはこれね。藤原さんはこのクラッチ、ゴッチさんはこれ、猪木さんはこのクラッチだった」と、いままで自身が体得してきたとおりのアームロックを次々と私に教えてくれたのだった。

そして「俺のアームロックはこれね」と鈴木式アームロックをかけてくれたのだが、それがとんでもない痛さで、受け手をやるのも怖がってしまうほどだった。

鈴木のアームロックは、190センチある前田や藤原といった大男たちに対抗するために、自ら試行錯誤して考えた技術なんだろう。

その後も次々といろんな技術を教えてくれたのだが、「これはいまのプロレスで必要な技術なんですか？」という私のかなり失礼な質問に対しても、真剣に答えてくれて大感激してしまった。

さっそく次の日の練習で、私は鈴木式アームロックで所英男を極めることができた。ありがとう、鈴木みのる!!

原宿からの帰り道、井上編集長の鼻歌に合わせて、私はそっとクルマのBGMで『風になれ』をかけた。

マッスル坂井と真夜中のテレフォンで。

3/15

MUSCLE SAKAI DEEPNIGHT TELEPHONE

「俺、いま井上さんに対して嫉妬に似た感情を抱いているかもしれない。俺はどのレスラーよりも早くから仲のよかったプロレスラーっていう自負があるんですよ。つまり井上さんとはいちばん古い付き合いだと思っている。だから今回の橋本千紘さん登場は、ちょっと動揺を隠せないです」

「俺は橋本千紘さんの顔ファンで、会場とかでもスキあらば話しかけています。会話は『二言まで』と決めていますけど」

——坂井さんは「橋本千紘」という名前を聞いて、何を連想しますか？

坂井　えっ、橋本千紘さん？　ええっとですね、よく見ると木村多江さんに似ている。

——木村多江に？　似てるかな？

坂井　はい。よく見てるんです、私。というか、よーく見ていなくても木村多江さんです。あと橋本千紘さんといえば、やっぱ「強さ」とか「コケティッシュさ」という言葉を連想してしまいますね。つまり私が木村多江さんに求めている要素の全部が橋本千紘さんには入っているんです。あんまりこういうことを言うと、ルッキズムだとかなんだとか言われそうですけど、私は橋本千紘さんの〝顔ファン〟ですね。

——要するに女性として坂井さんのタイプなんですね。

坂井　顔ファンです。だからたまにDDTとかにも出場されますけど、私はスキあらば橋本千紘さんに話しかけていますね。

——スキあらば。

坂井　まあ、気持ち悪がられるといけないので、そこでの会話は「二言まで」と決めていますけど。

——すげえ大切に扱ってんじゃん……（笑）。そういうときって、どんな話をするんですか？

坂井　ええっと、最近だとDDTの大田区大会で青木真也さんとシングルをやられた日に会ったんですけど、橋本さんがもの凄

構成：井上崇宏

く派手な蛍光色のスウェットを着ていたんですね。そのことを「めちゃめちゃいいなあ」って言って、めちゃめちゃ褒めました。するとね、俺から話しかけても意外とニコニコしてくれて、ウザそうにしないんですよ。

——だってウザくはないでしょう。

坂井 いや、ウザいと思いますよ。だって、こっちはぎこちないんだから（笑）。

——童貞感が出てるんだ（笑）。

坂井 うん。なのに、いつもニコニコしていらっしゃるし、なんだろう、大日本プロレスの関本大介さんや岡林裕二さんみたいな、ああいう太陽感がありますよね。

——あー、わかる！

坂井 ジメッとしていなくて凄くポップなんですよね。いつもカラっとしているの。橋本千紘さんはもの凄くいいですよー。

——もう見ているだけで元気になれるというか。

坂井 竹下幸之介とも試合をやっていましたけど、観ていてまったく違和感というかミックスドマッチ感を感じさせないんですよね。ナチュラルにスタート時からスピードとスピード、技と技って感じの攻防で凄かったですよ。たしか青木真也さんも橋本千紘さんの顔ファンですよ。

——あっ、そうなんだ。その顔ファンって言葉を今日初めて知ったな。

坂井 でもなんで？ えっ、橋本千紘さんと会ったの？

——今月、インタビューしました。

坂井 えっ、『KAMINOGE』で!? で、な、何を聞いたんですか？

——いやまあ、私が大好きな恋バナとか。

坂井 は、橋本千紘さんはいま恋をしていましたか？ していませんでしたか？ いや、誌面に載せなくてもいいから、ここだけの話！

——いや、いまは恋をしていないのかな？ あの人は大相撲が大好きで、力士みたいな男がタイプだそうです。

坂井 はあー！

——なんなら、自分が身体を鍛えているのも力士ボディを目指しているからと。

坂井 えっ？ あんなに綺麗なブリッジをする力士を、俺は見たことがないですよ？

——なんなら、せっかく鍛えてるんだから、もう全裸で試合がしたいと。「そんな勢いですけどねー。アハハハハ！」みたいな。カッコよくない？

坂井 いやー、徹頭徹尾おもしろい！

——それと、やっぱり陽のオーラや清潔感に加えて品がありますよね。その品格がすでに力士っぽかったです。

坂井 力人ね。私、橋本千紘さんには本当の意味で幸せになってほしいなと思っているんですよ。だから井上さん。彼女をポスト北斗晶としてですね、長州力さんよろしく、芸能の方面で活躍できるようにお力添えをいただけないですかね？

——好きすぎて、世間のみなさんにもあの魅力を知ってもらいたい（笑）。

坂井 あのおもしろさ、愛らしさ、そういう部分をね、仙台在住ということもありますし、そりゃ巡業のスケジュールとかもあるでしょうけど、「芸能という生きる場所もあるんですよ」ということをぜひ橋本千紘さんさんにお伝えいただきたい。

——なるほど。でもうまくいけば人気出そうですよね。

坂井 適応能力は高いですから、ゾッとするくらいアジャストすると思います。すでに仙台のローカル番組には出まくっているはずですから。仙台在住のまま、何卒よろしくお願いいたします。やっぱ女子プロレスの時代なのかもなー。

——たしかに。

坂井 それと芸能の活動をすることで角界

とのつながりも多く生まれるでしょうし。マジで女将さん姿も見てみたいです。

——女将さん姿はハマりそうだなあ（笑）。

坂井　絶対に似合いますよ。親方の妻になるべきですね。

——あと知らなかったんですけど、仙女って個人でタニマチをつけるのは禁止なんですね。

坂井　あっ、〝個タニ〟禁止なんだ？

——あんまり私のことをバカにしないで。そんな〝個タニ〟なんていう業界用語はないでしょ。

坂井　いや、個人タクシーのことを個タクって言うでしょ。だから個人のタニマチのことは個タニかなって。

——無許可だと白タニ（笑）。なぜ個タニが禁止かというと「私たちはプロレスでご飯を食べているんだから」という里村さんイズムからだそうです。

坂井　あー。俺はプロレスでメシを食ったことがないなあ……（笑）

——プロレスで食ってなければ、タニマチもいない（笑）。

坂井　なんなら、俺が後輩にコスチュームを作ってあげたいタイプ。

——こっちがタニマチ気質なんだ（笑）。

坂井　俺、タニマチ気質はあるよ。だってDDTの後輩たちのめっちゃ顔ファンだから。

「本来ならポジション的にも俺が個タニにならなきゃいけないのに、まだ個タニに支えられていたってことか」

——あっ、そうだ。タニマチといえば、先月話してたあの時計のブランドはなんだっけ？

坂井　オリス？

——そう、坂井さんにオリスをプレゼントしてくれた社長さんは、『KAMINOGE』を読んだんですかね？

坂井　いや、じつはですね、発売後にLINEが来まして、先月の表紙および巻頭の飯伏選手のインタビューにえらく感動を受けたようで、「とにかくゲラゲラ笑いました」と。

——マジで『KAMINOGE』を読んでるんだ。でもこの巻末は読んでなさげ？

坂井　ええっと、巻末については何もコメントされなかったので、それはあえてこちらから言うほどのことでもないというか。

——じゃあ、純粋に『KAMINOGE』を読んだ感想をLINEしてきたと。そこに「巻末も読んだよ。私の話をしていたね」という行間はなく？

坂井　まったくなかったですね。でも、なんかいきなり井上さんのもとにオリスが贈られてきそうな気配はしますけどね（笑）。

——でも、それは深追いだなあ。

坂井　深オリスでしょ。だからこちらから触れるのはやめておきましょう。骨オリス損のくたびれ儲けですよ、本当に（笑）。

——えっ？

坂井　あっ、いまのはやっぱ無し。

——その社長さんに「顔ファンです」って言っておいて。顔を見たことないけど（笑）。

坂井　いやいや、でもその社長さんは俺の個タニじゃないからね？

——いや、時計をプレゼントしてくれたらタニマチでしょう。マッスル坂井の個タニですよ、その人は。

坂井　たしかに俺にとって初の個タニかもしれないな（笑）。

——初の個タニだから気づいていなかっただけですよ。それ、個タニだよ（笑）。

坂井　じゃあ、仙女だったら私はクビですね。

——「いえ、そういう人だと思っていなくて一緒に写真を撮りました。まさか個タニだったとは……」って（笑）。

坂井　でも本来だったらポジション的にも

キャリア的にも、俺が個タニにならなきゃいけないわけですよ。なのに俺はまだ個タニに支えられていたってことですか……。

——でも思えば、私が橋本千紘さんに抱いていたイメージは、まさに個タニいない感だったんですよね。誰にもへつらへつらしていない感じ。だから「個人のタニマチは禁止なんです」って聞いて本当にヒザを叩きましたたよ。

坂井　腕一本、太もも一本で生きてる感じがしていました？

——もうインスタなんかを見ていると、格闘家とかは個タニとの交遊録ばっかでしょ。

坂井　個タニが写っているんですか？

——個タニがごちそうしてくれた寿司とか肉のどアップとかそんなのばっかですよ。それって完全に感覚が麻痺していると思っていて、通常は個タニがアピる側じゃん。「今日は○○選手とメシを食った。これからもがんばれ」みたいな。いまは逆で、たぶん選手間でどっちがいい個タニを持っているかを競い合ってるんですよ、あれは。

坂井　ポケットモンスターならぬポケット個タニってこと？

——ポケット個タニのポケットマネー（笑）。

坂井　この話題、現役の私がしゃべるのはリスクありませんか？（笑）。でも井上さんと橋本千紘さんみたいに、なんか本当におもしろい人同士ってちゃんと出会うべくして出会うんですねえ。

——そうですかね？

坂井　でも、たぶん今回のインタビューの仕上がりを見て、橋本千紘さんの井上さんへの評価が決まると思うんですよ。インタビュー記事を読んで「橋本千紘ってこういう人だったんだ」って、まだ橋本千紘ファンではなかった『KAMINOGE』読者の人たちがどういうリアクションをするかっていう。

——どういうことですか？

坂井　要するに編集者と読者って合わせ鏡じゃないですか。読者が作り手をあらわしているわけで、その読者のリアクションが発売後にわらわらと出てきて、その反応を見た橋本千紘さんが「えっ、素敵！」って思うかどうか。

——「なんか新鮮な反応だなー」みたいな。

坂井　『『KAMINOGE』を読んでいる人、素敵！　クール！」みたいな（笑）。そう感じてもらえることができたとき、初めて橋本千紘さんは井上さんを評価すると思います。

——なんか緊張してきたな……。

坂井　でも俺、いま井上さんに対して嫉妬に似た感情を抱いているかもしれないです。自分でもちょっと動揺している気がする……。

——えっ？　何をマンツーマンで話をしているんだと？

坂井　はい（笑）。

——ウソだろ……。

坂井　マジで。

——しかも二言以上も話しやがってと（笑）。

坂井　なんか井上さんが番記者みたいになっているレスラーって何人かいますけど、俺はその人たちの誰よりも早くから仲のよかったプロレスラーっていう自負がね、あるんですよ。いちおう、かろうじて現役レスラーの中で、井上さんとはいちばん古い付き合いだと思っているんですけど。

——はいはい、実際にそうですよ。

坂井　だけど今回の橋本千紘さん登場は、俺だけじゃなくてほかのレスラーたちも、俺と同様に動揺すると思う。俺、発売前に井上さんの口から先に聞いておいてよかったよ（笑）。

Nº 136 KAMINOGE

次号 KAMINOGE137 は
2023 年 5 月 8 日（月）発売予定!

収録中「何かが足りない気がする……」と感じていたのだが、「あっ、ずっとメガネするの忘れてた」と和田まんじゅうさん。

2023 年 4 月 18 日
初版第 1 刷発行

発行人
後尾和男

制作
玄文社

編集
有限会社ペールワンズ
（『KAMINOGE』編集部）
〒154-0011
東京都世田谷区上馬 1-33-3
KAMIUMA PLACE 106

WRITE AND WRITE
井上崇宏
堀江ガンツ

編集協力
佐藤篤
小松伸太郎
村上陽子

デザイン
高梨仁史

表紙デザイン
井口弘史

カメラマン
タイコウクニヨシ
保高幸子
橋詰大地

編者
KAMINOGE 編集部

発行所
玄文社
［本社］
〒107-0052
東京都港区高輪 4-8-11-306
［事業所］
東京都新宿区水道町 2-15
新灯ビル
TEL:03-5206-4010
FAX:03-5206-4011

印刷・製本
新灯印刷株式会社

本文用紙：
OK アドニスラフ　W A/T 46.5kg